賢者の戦術
すべてのバスケットボールコーチのために

ハリー・L."マイク"・ハーキンス
Harry.L."Mike" Harkins

ジェリー・クラウス
Jerry Krause

二杉茂・山下新樹・伊藤淳 訳

MOTION GAME OFFENSES
FOR MEN'S AND WOMEN'S BASKETBALL

晃洋書房

Motion Game Offenses
For Men's and Women's Basketball
3rd Edition

by
Harry L. "Mike" Harkins
Jerry Krause

Copyrights © 2001 Coaches Choice.
Japanese translation rights arranged
with Coaches Choice, California
through Tuttle-Mori Agency, Inc., Tokyo

感　謝

　本書を、私の愛とともに、妻グレースに捧げる。彼女は執筆においても私のパートナーであり、図表に関する細やかな配慮と、タイピングに費やした膨大な時間がなければ、本書は完成されなかったであろう。

ハリー・L．"マイク"・ハーキンス

　本書を、偉大なバスケットボールを行うために、素晴らしい才能を与えられたすべての選手たちに捧げる。彼らが常に全力で試合に取り組み、そして、その才能をバスケットボールに捧げることを願う。また、このバスケットボールのコーチングシリーズが、スポーツから多くのことを学んだ著者達からのバスケットボールへの贈り物となることを願う。

ジェリー・クラウス

謝　辞

　高校時代のコーチ、ラス・エスティ氏、及びマイク・クリノ氏、大学時代のコーチ、ラス・バイクリー氏、及びレッド・コークレーン氏、私に最初のコーチングの仕事を与えてくれた、バック・ハイザー氏、そして私のチームでプレーした選手たちをはじめとする、バスケットボールの知識の源泉となった全ての方々へ、心からの感謝を贈ります。

　そして、私の子供たちであるマイクと妻のダイアン、パティと夫のリック、ジムと妻のジーン、そして私の一番のファンである、孫のシェリー、ジェイミー、マイク、ショーン、ウォーカーに感謝の心を贈ります。

　最後に、より深い感謝の気持ちを、本書を完成させるために、懸命な努力で支えてくれたジェリー・クラウス氏に贈ります。

ハリー・L."マイク"・ハーキンス

　グレート・ノースウエスト・カンファレンス（現、グレート・ノースウエスト・アスレチック・カンファレンス）時代からのコーチ仲間である、マイク・ハーキンス氏と共同で本書に取り組めたことに大変感謝しています。そして、彼のバスケットボールに関する知識と、彼の才能ともいえる、わかりやすい指導方法を生み出す技術について、長年にわたり尊敬してきました。

ジェリー・クラウス

まえがき

　すべてのバスケットボールコーチのためのこれらのシリーズは、オフェンスとディフェンスの卓越したテクニックや戦術がすべて含まれ、包括的でかつ理解しやすい内容となっている。そして、全てのディフェンスにオフェンスを対応させ、さらに「スペシャル・プレー」を作り出している。

　すべてのコーチたちは、バスケットボールは個々の基礎的な技術次第である、ということに気付かなければならない。コーチは、選手がオフェンスとディフェンスを円滑にプレーできるように、基礎的な技術を確実に身につけさせる必要がある。つまり、基礎技術は常に必要なもの、ということである。

　どのようなレベルにおけるコーチたちでも、本書を活用することができるだろう。それは、全てを取り入れたり、現在用いているシステムに一部分を追加したりすることで、活用することが可能である。したがって、初心者から経験豊かでバスケットボールの魔法使いと呼ばれるような、あらゆるコーチにとって活用することができる内容で構成されている。全てのレベルにおけるコーチたちの要求に応え、それぞれのコーチが独自にバスケットボールへのアプローチを楽しみ、発展させてもらうことが、私たちの願いである。

　一点、注意して欲しいことは、それぞれのコーチが、自分自身の経歴や哲学、好みにあったシステムを持つ必要があるということである。そして、あなたのチームに所属するプレーヤーに合った戦術を見つけ出す、あるいは発展させていくことも必要である。チームに採用される戦術は、あなたのコーチング哲学やチームのプレーヤーを活かすことができるように、細心の注意を払いながら選択しなければならないのである。

　この版においては、全てのオフェンス戦術の採用に関すること、それらを明確にすること、そして、動きを示す図表の改善を図っている。

推 薦 文

　マイク・ハーキンス氏とジェリー・クラウス氏は、バスケットボール界に歴史的な貢献をしました。彼らは、世界中のコーチから最高峰のバスケットボールを取り入れ、その知識をすべてのコーチに対して簡潔で理解しやすい形で提供したのです。

　コーチングにおいて、考えられ得る全ての問題に対応できるように、50年以上にわたる彼らの指導経験をこのバスケットボールのコーチングシリーズに詰め込んでいます。このシリーズは、あらゆるレベルにおけるすべてのコーチに役立つでしょう。

　私たちはこれまでに編纂されてきたコーチングシリーズの中で、最も完成されたシリーズとして、ハーキンス氏とクラウス氏の本書を強く推薦します。すべてのコーチに何か新しい発見があるはずです。

テネシー大学
女子バスケットボールチームコーチ
パット・サミット

ノースカロライナ大学
元男子バスケットボールチームコーチ
ディーン・スミス

日本語版への推薦文

Recommendation Letter

I would like to announce that the book titled "Motion Game Offenses For men's and Women's Basketball" was translated by Dr. Nisugi, Jun lto, and Araki Yamashita. This book has been read and favored by many basketball coaches in the U.S. Among many basketball books, it is respectable that these three Japanese coaches have picked up this excellent book to introduce to Japan. I cannot forget that during the days as a coach at University of Hawaii, they attended our team practice and meetings with great enthusiasm to learn basketball game. Thanks for their positive mindset and achievement, which led the publication of this book. All coaches who have been successful with basketball have come up with new knowledges and are still researching for further evolution for the sake of basketball. Hopefully, Coach Shigeru Nisugi, Jun lto, and Araki Yamashita's work can encourage other coaches, which would contribute to further improvement of basketball skills in Japan.
Sincerely,

Former Head Coach of University of Hawaii

Riley Wallace

　この度、私の古くからの友人である二杉博士とバスケットボールコーチング研究仲間の伊藤淳氏、山下新樹氏達が "Motion Game Offenses: For men's and Women's Basketball" を翻訳出版されました。この著書は米国においても多くのバスケットボールコーチ達から支持され活用されて来たもので名著として評価の高いものです。米国には多くのバスケットボール著書がある中、敢えてこの名著に関心を持たれた眼力はさすがと敬意を表わしたいと考えます。私がハワイ大学のコーチ時代、彼らは毎年我々のチームに足を運ばれ練習やミーティングに参加されていた向学心や情熱は今でも忘れられない思い出として、はっきり覚えています。そのような前向きな行動力が今回の翻訳出版に至ったものであると心より称賛したいと思います。成功していくバスケットボールコーチは、常に新しい知識の獲得や開発に取り組み準備を怠りません。今回のコーチ二杉茂、コーチ伊藤淳、コーチ山下新樹達の仕事が多くの日本のコーチ達にとって良い刺激になり、バスケットボールレベルの向上に繋がる事を願い、私からのお祝いのメッセージとさせていただくと同時に、本書をすべてのバスケットボールコーチへ推薦いたします。

元ハワイ大学ヘッドコーチ

ライリー・ワレス

目　次

感　謝
謝　辞
まえがき
推　薦　文
日本語版への推薦文
図　の　説　明

第1章	ムービング・スタック・オフェンス	1
第2章	オフボールサイドカット・モーション・ゲーム	14
第3章	フレックス-プラス・モーション	30
第4章	ガードループ・スリープレー・モーション	45
第5章	パッシングゲーム・オーバーロード・モーション	59
第6章	1-3-1ホイール・モーション・ゲーム	73
第7章	ロブ・モーション	88
第8章	デポールカット・モーション・オフェンス	100
第9章	フレックス・コントロール・モーション	111

訳者あとがき　　（123）

図 の 説 明

①	オフェンスプレーヤー	X1	①のディフェンス
① (ball)	ボール保持者	X2	②のディフェンス
① Vカット	Vカットをしてボールを受ける	X3	③のディフェンス
① Lカット	Lカットをしてボールを受ける	X4	④のディフェンス
★	シュートが狙える場所	X5	⑤のディフェンス

②‐‐‐▶①   ②は①にパス

②〰〰▶   ②はドリブル

①──▶   ①はカット

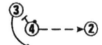 ④は②にパスをしてから、③へスクリーン。③は④のスクリーンを利用してカット。

 ④は②へスクリーンをセットして、②はドリブル。④はスクリーンの後、ロール。

第 1 章

ムービング・スタック・オフェンス

【本章の構成】
1. プレーヤーのアライメントと必要要素
2. ベーシック・モーション
3. ドリブルチェイスプレー
   3-1. ポストへのパス
     3-1-1. トップからポストへパスした場合
     3-1-2. ウイングからポストへパスした場合
4. プレッシャーディフェンスへの対策（ドリブルクリアー）
   4-1. トップからウイングへのパスがディナイされた場合
   4-2. ウイングからトップへのパスがディナイされた場合
5. 補助的なプレー
   5-1. ロブプレー
   5-2. ツーガード・オプション
     5-2-1. ポストプレーヤーの周りを回った場合
     5-2-2. スタックの周りを回った場合
   5-3. スクリーン＆ロール・オプション
   5-4. ポストアップが守られた場合
6. ゾーンディフェンスに対する方法
   6-1. ロブ・オプション
   6-2. ドリブルチェイスプレー

【訳者からのコメント】
　どのようなチームにとっても、得点がとれ、リバウンドが取れるようなセンターは求められていると思います。しかし、そのようなセンターがいないチームがほとんどではないでしょうか。「ムービング・スタック・オフェンス」は、そのような優れたセンターがいないチームにとって、理想的なオフェンスです。大変シンプルな「ベーシック・モーション」から、オフェンスに変化をつけたいときや、パスがディナイされている場合は、「ドリブルチェイスプレー」を展開することが出来ます。また、センター（ポスト）へパスをした場合の展開方法も説明されています。優れたセンターがいなくても、そこへパスをすることは大切なことである、ということでしょう。ディフェンスに対応され始めた場合は「ロブプレー」や「スクリーン＆ロール・オプション」等を「補助的なプレー」として用いることが出来ます。そして、「ロブプレー」と「ドリブルチェイスプレー」はオプションとして僅かな変更を加えることでゾーンディフェンスにも用いることが出来ます。

「ムービング・スタック・オフェンス」は高いシュート成功率を特徴とした、5人のモーションゲームである。このオフェンスの目的は、ヘルプディフェンスをオフボールサイドへ引きつけながら、ボールサイドでポストアップし、多くの1対1を生み出すことである。このオフェンスはゾーンディフェンスに対しても適応できるであろう。

1．プレーヤーのアライメントと必要要素

5人のモーション・オフェンスが採用されるようになってから、優れたポストプレーヤーのいないチームにとってそのオフェンスは理想的なオフェンスとなった。そのようなオフェンスは大きいガード、もしくは小さいフォワードのように、中間的な大きさのプレーヤーが多くいるチームにとって非常に有効である。一般的に、2-3のアライメントから動きの少ないオフェンスシステムを採用するチームでは、大きなプレーヤーが求められる。しかしながら、この「ムービング・スタック・オフェンス」においては、プレーヤーが持っているスキルで十分に対応することができる。

図1-1

このオフェンスはボールハンドリングに最も優れた①がボールを運びトップに位置する。ダブルスタックから始められ、それぞれのスタックの上にはポストプレーヤー④と⑤、そしてスタックの下には優れたジャンプシューター②と③が位置する。

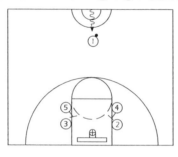

図1-1

2．ベーシック・モーション

①はチームの中で最も優れたボールハンドラーでなければならない。なぜなら、彼はスタックの下にいる②と③が④と⑤によるスクリーンを利用してカットをしてくるまで、ボールをコントロールし、そしてエントリーパスを成功させなければならないからである。

図1-2

①が③へのパスを選択した場合である。パスをした後、①はオフボールサイドのポストプレーヤー④にスクリーンをセットする。このスクリーンにより、⑤への最初のヘルプディフェンスになるX4が引きつけられ、⑤はポストで1対1を行いやすくなる。

図1-3

もし③がシュートを打てず、さらに⑤がオープンでないのなら、③は④にパスをする。④

はボールを受けたら、第1にシュート、第2にポストにいる⑤へのパス、そして第3に②からのスクリーンを利用してくる①へのパスを考える。

このとき、④はインサイドにいる⑤にボールをしばしば入れるべきである。③がボールをもっているとき、⑤のディフェンスであるX5は⑤の正面に立つか、少なくともパスをディナイするだろう。④が③からのパスを受けたとき、④から⑤へのパスは、パワーレイアップシュートを打つための素晴らしい角度となる。

図1-4

④は①へパスをした後、⑤にスクリーンをし、③は④にスクリーンをセットする。

図1-2

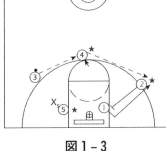
図1-3

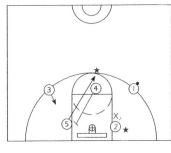
図1-4

3．ドリブルチェイスプレー

オフェンスに変化をつけたいときや、エントリーパスがディナイされたとき、①は②か③のウイングプレーヤーの方向へドリブルを行う。これが「ドリブルチェイスプレー」のキーである。

図1-5

①が②の方向へのドリブルを選択した場合である。このドリブルにより②は下へ移動して、そのままレーンを横切る。それと同時に④は⑤にスクリーンをセットし、⑤はボールサイドのローポストへカットする。

図1-6

この動きに対して、オフボールサイドの③は②へスクリーンをセットし、④はトップへカットする。

図1-7

もし⑤がオープンになっていないのなら、①は④にパスをする。そして、④はインサイドの⑤へパスをするか、③からのスクリーンを利用してカットしてくる②へパスをする。

図1-5

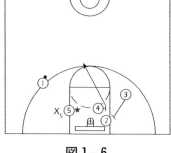
図1-6

図1-7

図1-8、1-9

　もし⑤へのパスが成功したなら、⑤はパワーレイアップシュートを打つ。もし④が②へのパスを選択したなら、②はシュートを打つか、インサイドにいる③へのパスを試みる。もしどちらもできないのであれば、④は⑤にスクリーンをセットし、それから①が④にスクリーンをする。

図1-8

図1-9

3-1．ポストへのパス
　このオフェンスは、ポストにパスを入れ、スプリットプレーを行うものである。
3-1-1．トップからポストへパスをした場合
図1-10
　①がハイポストに上がってくる④にパスを入れ、②はバックドアプレーを行う。
図1-11
　④は②のバックドアカットを最初に見る。その後、①は②にスクリーンをセットする。
図1-12
　③はトップへ移動し、①はオフボールサイドのウイングにいく。シュートが打てないのならば、④はトップにいる③にパスをして、次の展開が始められる。

  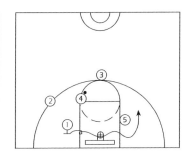

図1-10　　　　　　　図1-11　　　　　　　図1-12

3-1-2．ウイングからポストへパスをした場合
図1-13

　パスが②から④に入ったときも、同じようにスプリットプレーが行われる。つまり、②は①にスクリーンをかけたあと、ゴール方向へロールし、③はトップへ移動するのである。

　これら2つのスプリットプレーは、得点する可能性が高いうえ、①と②がディフェンスを引きつけることにより、④へのヘルプをしにくい状況を作り出している。

図1-13

4．プレッシャーディフェンスへの対策（ドリブルクリアー）

　「ムービング・スタック・オフェンス」は試合が経過するにつれ、特定の2つのパスがディナイされる傾向にある。それは、トップからウイングへのパスとウイングからトップへのパスである。

4-1．トップからウイングへのパスがディナイされた場合

　トップからウイングへのパスがディナイをされていた場合、「ドリブルチェイスプレー」が始められる。しかし、1度オフェンス（ポストへのパス）が開始されたあとに、ディナイをされていた場合、トップのプレーヤーはウイングへドリブルをしてポジションチェンジを行う。

図1-14

①が②にドリブルをしていることを示している。②はポストプレーヤー④の周りを回って、トップへいく。

図1-15、図1-16

つまり、①と②がポジションチェンジを行うのである。それから①は②にパスをし、「ベーシック・モーション」が続けられる。

トップからウイングへのパスがディナイされていたときの対応として、2つのパターンを行うことは複雑なように思えるかもしれない。しかし、それらを身につけることにより、ディフェンスに対してより大きな有利性を確立することができるであろう。

図1-14

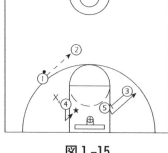
図1-15

図1-16

4-2．ウイングからトップへのパスがディナイされた場合

図1-17

②は①にパスできなかったため、①の方向へドリブルをする。つまり、ポジションチェンジを行う。①はゴールにカットした後、②のいた場所へ移動する。

図1-18、1-19

ここから「ベーシック・モーション」が始まる。

図1-17

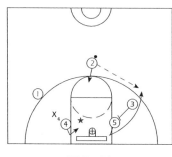
図1-18

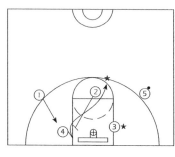
図1-19

5．補助的なプレー

補助的なプレーは、シーズンが進むにつれて、オフェンスパターンがディフェンスに対応されたり、自チームの優位性を活かしたりするために用いられる。

5-1．ロブプレー

図1-20

「ベーシック・モーション」では、トップにいるプレーヤー④が、逆サイドへパスをし、オフボールサイドのポストプレーヤーに対してスクリーンを行う。このとき、「ロブプレー」を行うことができるかもしれない。「ロブプレー」は④が②へパスをしたとき、オフボールサイドのポストプレーヤー⑤がフリースローラインエリアに早いタイミングでスクリーンをセットする。それから④は⑤のスクリーンを利用してゴールへカットし、②からのロブパスを受ける。

図1-21

このようにしても④がオープンにならない場合、⑤がトップにポップアウトし、「ベーシック・モーション」が続けられる。

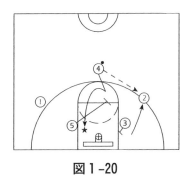
図1-20

図1-21

5-2．ツーガード・オプション

ボールをフロントコートに運んできて、最初のプレーが始まるまでボールをコントロールできる優れたポイントガードがいない場合、以下のオプションを適応するのが良いかもしれない。

図1-22

ガードである①と②は2人でボールをフロントコートに運んでくる。①は②へパスをしてから、ポストプレーヤー④の周辺を回るか、インサイドでスタックしている⑤と③の周辺を回るか、どちらかのプレーを選択する。

5-2-1．ポストプレーヤーの周りを回った場合

図1-22

①が④の周りを回ることを選択した場合である。このプレーを見た①の反対の③は⑤のダ

ウンスクリーンを利用して、同じサイドのウイングへカットする。このときのポジションは、「ベーシック・モーション」を行うためのアライメントになっている。

図1-22

5-2-2. スタックの周りを回った場合
図1-23

①が②にパスをした後、③と⑤のスタックの周りを回った場合である。③は①のカットを見て、レーンを横切り、④のスクリーンを利用して、ウイングにカットする。このときのポジションは、「ベーシック・モーション」を行うためのアライメントになっている。

図1-23

5-3. スクリーン&ロール・オプション
図1-24

①が「ベーシック・モーション」を行っているときに、このオプションをコールした場合である。①は③にパスをして、そのサイドのコーナーにカットする。

図1-25

⑤は③にスクリーンをセットする。③は⑤のスクリーンを利用して、ジャンプシュートかロールをする⑤へのパスを考える。このプレーと同時に、②は④にダウンスクリーンをセットする。

図1-26

もし③がシュートを打てず、さらに⑤へのパスができないのなら、③は④にパスをして「ベーシック・モーション」を再び始める。

図1-24

図1-25

図1-26

　このオプションは「ベーシック・モーション」の中に、ピック&ロールを取り入れ、オフェンスに広がりを持たせながら、「ベーシック・モーション」に戻ることができる。

5-4．ポストアップが守られた場合

図1-27

　ポストプレーヤー④が非常に高い確率で得点できるのならば、このプレーが行われる。

　このプレーはオフボールサイドのポストプレーヤー⑤がキーとなる。①から②へパスが入ると同時に、⑤はボールサイドのコーナーにカットする。このカットにより、④のヘルプディフェンスであるX5がいない状態になる。

図1-28

　⑤のカットの次に、①はオフボールサイドに移動し、③はボールサイドのハイポストにカットする。それと同時に、②は④にパスができるかどうかを考える。

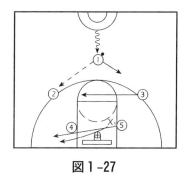
図1-27

図1-28

図1-29

　もしX4が④の後ろにいるのなら、④は②からのパスを受け、1対1をする。

図1-30

　もしX4が④の前に立っているなら、②はロブパスを使うべきである。なぜなら、オフボールサイドのヘルプはクリアーされているからである。

図1-31

　X4が④の前にいるとき、②がハイポストにいる③へパスをすることも考えられる。これは、パスの角度を変えるということであり、④はX4にシールすることで、パワーレイアッ

プシュートを打つためのパスを③から受けることができる。

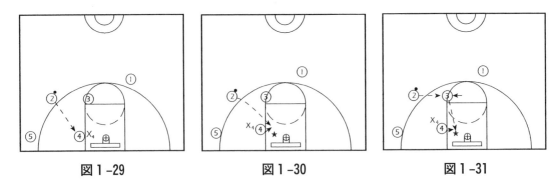

図1-29　　　　　　　図1-30　　　　　　　図1-31

　これらのプレーを行っているとき、①は自分のディフェンスが③か④のヘルプにいけないようなポジションをとり、引きつけておくことが重要である。
図1-32、1-33
　②が④や③へパスが出来ない場合、②は①に向かってドリブルをする。このドリブルにより、④は逆サイドのローポスト、⑤は④がいたローポストへ移動する。また、③は④を利用してウイングへカットし、①は⑤を利用してオフボールサイドのウイングへ移動することで、「ベーシック・モーション」が続けられる。

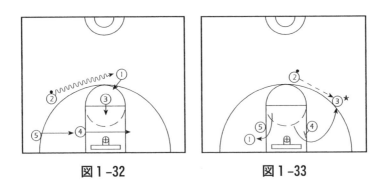

図1-32　　　　　　　図1-33

6．ゾーンディフェンスに対する方法

6-1．ロブ・オプション
　ゾーンディフェンスに対しては「ロブ・オプション」を行うことで、対応することができる。
図1-34
　①はボールをフロントコートに運んできて、②か③へパスをする。この図は、①が②へのパスを選択した場合である。ポストプレーヤー⑤はボールサイドのハイポストにカットする。もし②が⑤へパスを出せるなら、④と③はオープンになっている場合が多い。

第1章　ムービング・スタック・オフェンス

図1-34

図1-35、1-36、1-37

このプレーのポイントは、①がその場にとどまり、②からリターンパスを受け、③にパスをするか、①がローポストにカットをするかどうかである。

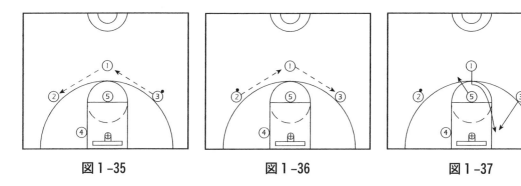

図1-35　　　　　　　　　図1-36　　　　　　　　　図1-37

図1-38

①がローポストへカットした場合、②は⑤にパスをし、③のスクリーンを利用して上がってくる①にパスをする。大きいプレーヤー⑤がトップにいることで、④へディフェンスの上を越えるオーバーヘッドパスを出すことができる。

図1-39

⑤から①へパスをすることで、④はハイポストにカットし、「ロブ・オプション」が繰り返される。

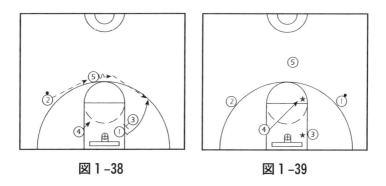

図1-38　　　　　　　図1-39

6-2．ドリブルチェイスプレー

図1-40

①は②に向かってドリブルをし、②はショートコーナーへ移動する。このプレーに合わせて④が⑤にアウェイスクリーンをセットし、⑤はゾーンディフェンスのギャップへカットする。そして、③はローポストへ移動する。

図1-41

④はトップへカットし、②はボールサイドのコーナーに移動する。そして②はオーバーロードを作り出すか、レーンを横切るカットをする。

図1-42

②がレーンを横切り、逆サイドへカットした場合、①は素早く④へパスをし、②までボールを展開する。そしてゾーンの体形を動かし、③は近くのディフェンスへスクリーンをセットする。

さらに、④の身長が大きく、ゾーンディフェンスの前を守るプレーヤーが小さいのなら、直接⑤へパスすることを狙う。

図1-40

図1-41

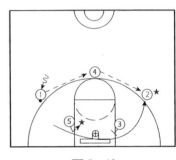
図1-42

図1-43

このオプションはウイングからトップへのドリブルにも用いられる。②は①に向かってドリブルをし、①は逆サイドのコーナーへカットすることでオーバーロードを作り出すことができる。

図1-44、1-45

また、①は②がいたサイドへカットすることも可能である。②はトップへドリブルをし、③へパスをする。そして、①は④のスクリーンを利用し、ウイングへカットする。

図1-43　　　　　　　　図1-44　　　　　　　　図1-45

　これらのプレーを用いることで、ゾーンオフェンスを成功させることができるであろう。

　「ムービング・スタック・オフェンス」はインサイドとアウトサイドの両方のディフェンスに対応することができ、プレッシャー＆ヘルプディフェンスに対する手段でもある。また、「ロブプレー」と「ドリブルチェイスプレー」は強力なゾーンオフェンスであり、ゾーンディフェンスにも対応することができる。

第 2 章

オフボールサイドカット・モーション・ゲーム

【本章の構成】
1. プレーヤーのアライメントと必要要素
    1-1. オフボールサイドからのスクリーンとカット
2. ベーシック・モーション
    2-1. ＃1ウイングプレー
        2-1-1. フロアバランスを整えるための動き
    2-2. ＃2アウェイスクリーン
        2-2-1. フロアバランスを整えるための動き
    2-3. ＃3クイックダウンスクリーン
        2-3-1. フロアバランスを整えるための動き
    2-4. ベーシック・モーションの予測とタイミング
3. プレッシャーディフェンスへの対策
    3-1. トップからウイングへのエントリーパスがディナイされた場合
    3-2. ウイングからトップへのパスがディナイされた場合
    3-3. フロアバランスを整えるための動きがディナイされた場合
4. 補助的なプレー
    4-1. ツーガードプレー
    4-2. UCLA スラッシュプレー
        4-2-1. フロアバランスを整えるための動き
    4-3. ドリブルエントリー ＃1プレー
        4-3-1. フロアバランスを整えるための動き
    4-4. ドリブルエントリー ＃2プレー
5. ゾーンディフェンスに対する方法
    5-1. ベーシック・モーション
        5-1-1. フロアバランスを整えるための動き
    5-2. ドリブルエントリープレー
        5-2-1. フロアバランスを整えるための動き
6. まとめ

【訳者からのコメント】
　このオフェンスは、オフボールサイドでのスクリーンとそれを利用したボールサイドへのカットを中心に組み立てられています。ダブルスタックから始められる「ベーシック・モーション」は「＃1ウイングプレー」、「＃2アウェイスクリーン」、「＃3クイックダウンスクリーン」の3種類から構成され、ガードがエントリーパスをした後に、どのような行動（ステイ、アウェイスクリーン、ダウンスクリーン）を選択するのかによって展開されます。そして、それぞれにフロアバランスを整える方法があるため、連続的にプレーすることが出来ます。しかし、同じカットが連続するため、ディフェンスは予測やディナイをし易い傾向にあります。そこで、プレッシャーディフェンスに対する対策（3種類）と補助的なプレー

> （4種類）を組み込む事により、様々な状況に直面しても柔軟に対応することが出来るようになっています。また、「ベーシック・モーション」からトライアングルプレーを取り入れることで、ゾーンディフェンスにも対応することが出来ます。

　このオフェンスは、オフボールサイドでのスクリーンとそこからのカットを中心に組み立てられている。同じカットが繰り返して行われるため、ディフェンスに対応されやすく、ターンオーバーが生じやすい。そこで、カットに変化をつけながら連続性のあるオフェンスを展開する。

1．プレーヤーのアライメントと必要要素

図2-1
　このオフェンスは、ダブルスタックとポイントガードから始められる。ダブルスタックの上部は大きなプレーヤー（**図2-1**では④と⑤）、下部は小さなプレーヤー②と③が配置される。④は②へ、⑤は③へダウンスクリーンをセットし、②と③はそのスクリーンを利用して、フリースローラインの延長線上にカットする。それから④と⑤はそれぞれのローポストでポストアップする。プレーヤーの配置が変わっても対応できるようにしておくべきである。なぜなら、ポストプレーヤーがインサイドとアウトサイドでプレーをするときに、特に効果的だからである。

図2-1

1-1．オフボールサイドからのスクリーンとカット
図2-2
　最初に①は②にパスをし、そのサイドの④はハイポストに移動する。

図 2-2

ここから同じスクリーンとカットが多様性のある連続プレーのなかで作り出される。3種類の基本的な連続プレーについては、次で説明する。

2．ベーシック・モーション

2-1．#1ウイングプレー

図 2-3

①から②へパスをしてから、③は⑤のスクリーンを利用してボールサイドのローポストへカットする。②は③がゴールの下でオープンになった場合、パスをする。もし③がオープンにならないのなら、ボールサイドのコーナーにクリアーする。

図 2-4

④は⑤にスクリーンをかけ、⑤はそれを利用して、ボールサイドのローポストへカットする。

図 2-5

①はそれから④にダウンスクリーンをセットし、④はトップへカットする。このとき、②は⑤か④へパスをする。

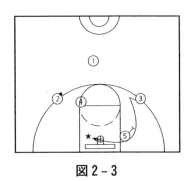  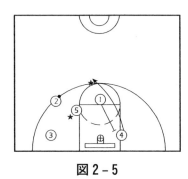

図 2-3　　　　　図 2-4　　　　　図 2-5

2-1-1．フロアバランスを整えるための動き

図 2-6

④へパスをした場合、②は逆サイドのウイングへカットし、③は②がいた場所へ移動する。この移動により、オフェンスのフロアバランスが整えられている。④はどちらかのウイ

ングへパスをすることにより、もう一度繰り返すことができる。

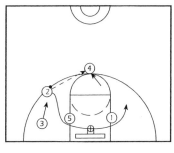

図2-6

図2-7、2-8、2-9

④が「＃1ウイングプレー」の選択をした場合を示している。

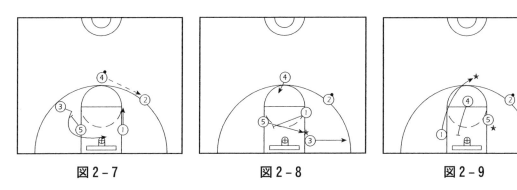

図2-7　　　　　　　　図2-8　　　　　　　　図2-9

2-2．＃2アウェイスクリーン

図2-10

　①は②にパスをした後、逆サイドの③にアウェイスクリーンをセットし、③はトップにカットする。同時に、ボールサイドのハイポストプレーヤー④は逆サイドのローポストプレーヤー⑤にスクリーンをセットし、⑤はボールサイドのハイポストにカットする。

図2-11

　その後、①は④を利用してボールサイドのローポストにカットする。

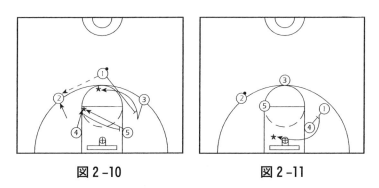

図2-10　　　　　　　　図2-11

2-2-1．フロアバランスを整えるための動き

図2-12

　もし①がオープンにならない場合、②は③にパスをし、それと同時に①はコーナーにクリアーする。

図2-13

　②はパスをしてから、逆サイドのウイングにクリアーし、①は②がいた場所に移動する。

　この移動により、フロアバランスが整えられ③がどちらかのウイングへパスをすることにより、もう一度繰り返すことができる。

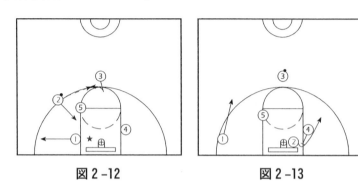

図2-12　　　　　　　図2-13

2-3．＃3クイックダウンスクリーン

図2-14

　①が②にパスをした後、①はすぐに⑤にダウンスクリーンをセットする。このスクリーンは、③に対するダブルスクリーンにもなり、③はボールサイドのローポストにカットし、①のスクリーンを利用して⑤はトップにカットする。

図2-15

　それから④は①にスクリーンをセットし、同時に③はボールサイドのコーナーへクリアーする。そして①はボールサイドのローポストにカットする。

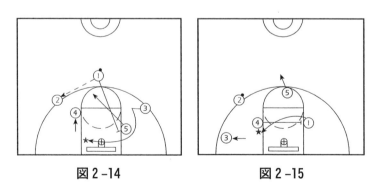

図2-14　　　　　　　図2-15

2-3-1．フロアバランスを整えるための動き

図2-16

　もし、①がオープンにならなかったら、②は⑤にパスをしてから逆サイドのウイングへ移

動し、③は②のいた場所へ移動する。この移動により、フロアバランスが整えられ、もう一度繰り返すことができる。

図2-16

2-4．ベーシック・モーションの予測とタイミング

「ベーシック・モーション」における、3種類のプレーをスムーズに展開するためには、①の動きがキーになる。

図2-17

もし①が「＃1ウイングプレー」を選択した場合、①はパスをした後、その場にステイする。

図2-18

もし①が「＃2アウェイスクリーン」を選択した場合、①はパスをした後、オフボールサイドのウイングプレーヤーへスクリーンをセットする。

図2-19

もし①が「＃3クイックダウンスクリーン」を選択したなら、①はパスをした後、すぐにダウンスクリーンをセットする。

図2-17

図2-18

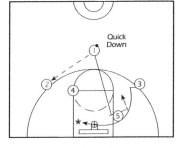
図2-19

このように、①のプレーがキーになることを5人が共通に理解することで、このオフェンスはスムーズに展開することができる。

3．プレッシャーディフェンスへの対策

ディフェンスのボールマンに対するプレッシャーが強く、さらに、ディナイディフェンス、ヘルプディフェンスが機能していた場合、プレッシャーディフェンスへの対策が必要になる。以下の3種類のオプションはプレッシャーをかわし、オフェンスをスムースに進行させるためのプレーである。

3-1．トップからウイングへのエントリーパスがディナイされた場合

図2-20

①がオフェンスを始めるためのエントリーパスをどちらのウイングにもできなかった場合である。その場合、①は②の方向へドリブルをし、ドリブルエントリーが行われる。②はボールサイドの④を回り、トップへ移動する。同時に、オフボールサイドの③は⑤のスクリーンを利用してカットする。

図2-21

もし③がオープンにならなかった場合、③はボールサイドのコーナーにクリアーし、④は⑤へスクリーンをセットする。

図2-20

図2-21

図2-22、2-23

その後、②は④にダウンスクリーンをセットし、④はトップへカットし、①からのパスを受ける。

図2-24

それから①は逆サイドのウイングへ移動し、③は①がいた場所へ移動することにより、フロアバランスが整えられる。そしてもう一度、繰り返すことができる。

図 2-22

図 2-23

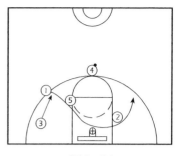
図 2-24

3-2．ウイングからトップへのパスがディナイされた場合

エントリーパスが成功し、オフェンスが展開されたが、ウイングからトップへのパスがディナイされた場合である。

図 2-25

②はトップにドリブルする事でディナイを回避する。そのドリブルに合わせて、④はゴールへカットした後、逆サイドのウイングへ移動することにより、フロアバランスが整えられる。

図 2-26

ここから②はどちらかのウイングにパスをすることにより、新しいプレーを始めることができる。

この図では、②が④へパスをして、「＃２アウェイスクリーン」を選択している。

図 2-25

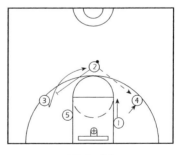
図 2-26

3-3．フロアバランスを整えるための動きがディナイされた場合

フロアバランスを整えるための動きがディナイされた場合のオプションである。

図 2-27

②がポストプレーヤー⑤もしくはポイントガードプレーヤー①のどちらにもパスができなかった場合である。この状態が生じたとき、②はコーナーにいる③にパスをし、逆サイドのウイングに移動する。それから③はウイングにドリブルをし、同時に①はＶカットをしてボールを受ける。ここから①は新たなオフェンスを展開することができる。

図 2 -27

 4．補助的なプレー

以下のプレーはオフェンスに深みを与えたり、強いチームに対して自チームの有利性を確保したり、相手の弱点を攻撃したりするために用いられる。

4-1．ツーガードプレー

このオフェンスはプレーが始められるまでディフェンスからのプレッシャーに対応しながら、ボールをコントロールできるようなガードがいないチームに対して用いられる。

図 2 -28

①と②は 2 人でボールをフロントコートに運んできて、②が④にパスをすることによりプレーが始められる。その後、②と①はシザースプレーを行う。つまり、①はボールサイドのローポストへカットし、②は③へスクリーンをセットする。③はそのスクリーンを利用して、トップへ移動する。

図 2 -29

もし①がオープンにならないのなら、ボールは④から③へパスされ、②へ移動する。それから⑤はボールサイドのハイポストへ移動する。

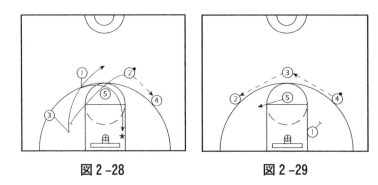

図 2 -28　　　　　図 2 -29

その後、③は以下のプレーを選択することになる。

図 2 -30

「＃1ウイングプレー」とコールして、その場にステイする。

図 2-31

「#2アウェイスクリーン」とコールして、素早くアウェイスクリーンをセットする。

図 2-32

「#3クイックダウンスクリーン」とコールして、素早くダウンスクリーンをセットする。

図 2-30

図 2-31

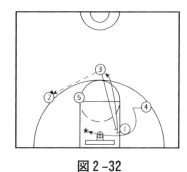
図 2-32

4-2．UCLA スラッシュプレー

図 2-33

①は②にパスをしてハイポストプレーヤー④を利用してスラッシュカットを行う。もし①がオープンにならないのなら、①はボールサイドのコーナーにクリアーする。そして、③はトップへ移動する。

図 2-34

その後、④は⑤へスクリーンをセットする。

図 2-35

それから③は④にダウンスクリーンをセットし、④はトップへカットする。

図 2-33

図 2-34

図 2-35

4-2-1．フロアバランスを整えるための動き

図 2-36

②は④にパスをしてから、逆サイドのウイングに移動し、①は②のいた場所へ移動する。

図 2-37

その後、このフロアバランスから「ベーシック・モーション」を行うことができる。

図 2-36

図 2-37

4-3. ドリブルエントリー ＃1プレー
図 2-38

プレッシャーディフェンスへの対策としてのドリブルエントリーは先述したが、ここではもう1つのドリブルエントリーを説明する。①が②に向かってドリブルをし、②はボールサイドのコーナーへ移動する。同時にポストプレーヤー④がハイポストに移動し、③は⑤を利用してカットする。

図 2-39

④は⑤にスクリーンをセットし、⑤はトップへカットする。

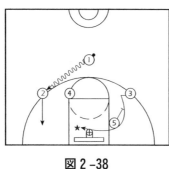
図 2-38

図 2-39

4-3-1. フロアバランスを整えるための動き
図 2-40

①は⑤にパスをしてから、逆サイドのウイングに移動し、②は①のいた場所へ移動する。

図 2-41

それから⑤は①にパスをし、「ベーシック・モーション」を展開することができる。

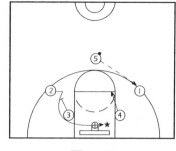

図2-40　　　　　　　　図2-41

4-4．ドリブルエントリー　＃2プレー

図2-42、2-43

①が②に向かってドリブルをし、②はレーンを横切って逆サイドのローポストへ移動する。ボールサイドのポストプレーヤー④が③へスクリーンをセットし、③はそれを利用してボールサイドのローポストへカットする。

図2-42　　　　　　　　図2-43

図2-44

もし①が③にパスできないのなら、トップへ移動している④へパスをする。それから②は⑤のスクリーンを利用してウイングへカットし、④からのパスを受ける。

図2-45

⑤がハイポストへ移動したあと、①は③のスクリーンを利用してカットし、「ベーシック・モーション」が展開される。

図 2-44 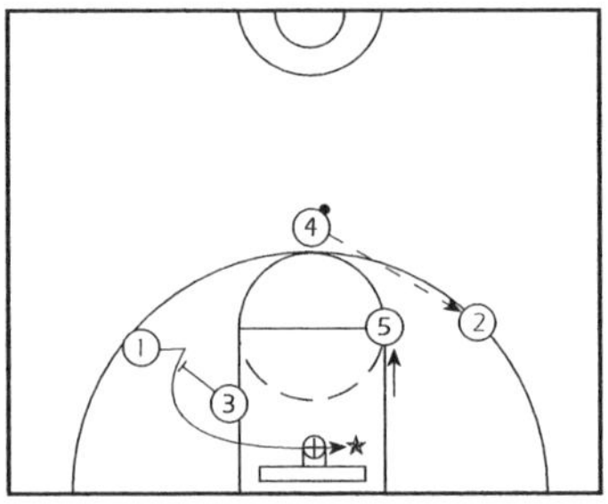　　　　　　　　図 2-45

 5．ゾーンディフェンスに対する方法

「ベーシック・モーション」はいくつかの適応をすることで、ゾーンオフェンスにも用いることができる。

5-1．ベーシック・モーション
図 2-46

①が②にパスをしているが、マンツーマンディフェンスに対する「ベーシック・モーション」では、オフボールサイドの③が⑤のスクリーンを利用してカットをする。しかし、ゾーンオフェンスの場合はボールサイドのハイポストプレーヤー④がローポストに移動し、オフボールサイドの③がハイポストにカットする。このカットにより、③④⑤でトライアングルプレーが作られる。

図 2-47

もし②から③へパスができるのならば、③はシュートもしくはインサイドの④と⑤へのパスを考える。もし②が③へパスできなければ、③はボールサイドのコーナーへクリアーしオーバーロードを作り出す。

図 2-46 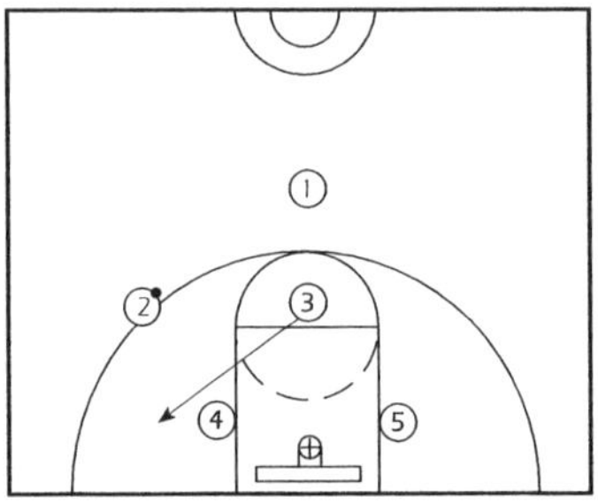　　　　　　　　図 2-47

図 2-48

その後、⑤はハイポストへカットし、②からのパスを受けたのなら、⑤はインサイドの④を見る。

図 2 -49

もし②が⑤にパスをできないのなら④は反対サイドへクリアーし、⑤はボールサイドのローポストへ、④は逆サイドのローポストへ移動する。

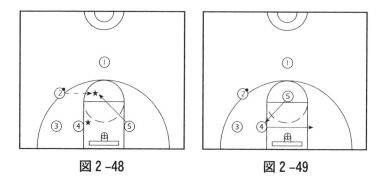

図 2 -48　　　　　図 2 -49

5 - 1 - 1．フロアバランスを整えるための動き

図 2 -50

①②③と⑤は②がパスをするまで、オーバーロードを形成する。

図 2 -51、2 -52

②は①にパスをしたら、逆サイドのウイングへ移動する。そして、③は②がいた場所へ移動する。

図 2 -50　　　　　図 2 -51　　　　　図 2 -52

図 2 -53

①から②へパスをすることで、「ベーシック・モーション」が再び展開される。③がハイポストへカットすることで、トライアングルプレーが作られる。

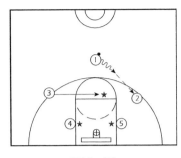

図 2 -53

　ゾーンディフェンスに対して、「ベーシック・モーション」を適応させることは大きな効果がある。なぜなら、トライアングルプレー、オーバーシフテッドスクリーンへの素早い展開が含まれているからである。さらに、ゾーンディフェンス対策が必要ならば、ドリブルエントリーを用いると良いだろう。

5-2．ドリブルエントリープレー
図 2 -54
　①は②の方向へドリブルし、②はボールサイドのコーナーへクリアーする。その動きに合わせて、それから③は①の場所へ移動する。その結果、オーバーロードが形成される。

図 2 -54

図 2 -55、2 -56
　①②③④はボールを移動させることでオーバーロードを利用して攻撃できる。④はボールを受けるためにローポストへ移動したら、⑤はハイポストへカットする。どちらにもパスできない場合は、④は逆サイドのローポストへ移動し、⑤はボールサイドのローポストへ移動する。

図 2-55

図 2-56

5-2-1. フロアバランスを整えるための動き

図2-57

①は③にパスをして、逆サイドのウイングに移動する。この移動によって、フロアバランスを整えることができる。

図2-58

ここから③は「ベーシック・モーション」を繰り返す。

図2-59

もしくは、「ドリブルエントリープレー」を再び繰り返す。

図 2-57

図 2-58

図 2-59

マンツーマンディフェンスに対する、「ベーシック・モーション」と「ドリブルエントリープレー」をゾーンオフェンスとして用いると、オフェンスの有利性は明確になる。それはゾーンディフェンスの最も無防備なエリアである、コーナーとハイポストを攻撃するためである。

 ## 6．まとめ

このオフェンスはディフェンスにとって非常に守りにくいものである。それはカットすることで、オフボールサイドからのヘルプディフェンスが機能しないようにするからである。そして、ゾーンディフェンスに対しても、いくつかの調整を加えることで、対応することができる。

第 3 章

フレックス-プラス・モーション

【本章の構成】
1. プレーヤーのアライメントと必要要素
2. ベーシック・モーション
    2-1. フレックス
    2-2. フレックス-プラス
    2-3. シャッフルカット・オプション
3. プレッシャーディフェンスへの対策
    3-1. ガードとガードのパスがディナイされた場合
    3-2. ドリブルエントリー
    3-3. ウィークサイドエントリー
4. 補助的なプレー
    4-1. デポール・カット
    4-2. UCLA スラッシュカットプレー
    4-3. シャッフルクロスプレー
    4-4. クロスレーンプレー
        4-4-1. ストロングサイド・オプション
        4-4-2. ウィークサイド・オプション
    4-5. トップ-ポストプレー
5. ゾーンディフェンスに対する方法
    5-1. トップ-ポストプレー
6. まとめ

【訳者からのコメント】
　「フレックス-プラス・モーション」は、非常に有名なフレックスオフェンスに変化を加えたものです。その変化とは、ロブプレーとダブルスクリーンです。ご存知の通り、フレックスオフェンスは、スクリーンとカットを利用しながら5人のプレーヤーがインサイドとアウトサイドを入れ替わります。そのため、優れたセンターがいないチームや、ガードとフォワードが中心で機動力の高いチームにとって充分に活用ができるオフェンスです。「ベーシック・モーション」は「フレックス」、「フレックス-プラス」、「シャッフルカット・オプション」の3種類から構成されています。相手チームのプレッシャーが強く、スムーズにエントリーが出来ない場合は3種類の対策方法が準備されています。ディフェンスがこのオフェンスに慣れてきた場合などに用いる「補助的なプレー」は5種類のプレーが用意されています。これらは自チームの状況に応じて選択するべきでしょう。また、ゾーンオフェンスとして、「フレックス-プラス」を用いることも出来ます。

「フレックス-プラス・モーション」は非常にポピュラーなオフェンスであるフレックスの発展系である。これはフレックスの特徴を含みながら、ロブプレーとダブルスクリーンを加えたものである。

1．プレーヤーのアライメントと必要要素

図3-1

「フレックス-プラス・モーション」は優れたセンターがいないチームにとって十分に活用できるシステムである。図3-1に示すように、①と②はボールをフロントコートに運んできてプレーを始めるガードである。①は2人のうち背の高いほうがすべきである。なぜなら①はロブパスを受ける頻度が高いからである。⑤はハイポストプレーヤーであり、ボールサイドでプレーをする。③と④はフォワードであり、身長は小さいかもしれないが、バランスのとれたスキルが必要である。このオフェンスは機動力の高いプレーヤーのために形成されており、様々な状況の中で効果を発揮することができる。

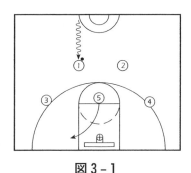

図3-1

2．ベーシック・モーション

2-1．フレックス

これまでのプレーは連続性のあるフレックスオフェンスから派生したものであった。また、それは「スポッツ」とも呼ばれる動きである。ここで紹介するフレックスは2つのオプションをともなった5人のモーション・オフェンスである。

図3-2

①が②へパスをすることから始められる。このパスはオフボールサイドのフォワード③が⑤を利用してゴールにカットするためのキーとなる。

図3-3

それから①は⑤にダウンスクリーンをセットし、⑤はガードポジションに移動する。

図3-4

②が⑤にパスをした後、同じプレーが繰り返される。つまり、③が④にスクリーンをセットし、②が③にダウンスクリーンをセットする。

図3-2

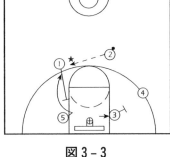
図3-3

図3-4

　④のベースラインカットはこの図において、低い位置をカットすることを示している。しかし、もしディフェンスが低い位置でカットを守ろうとしているのなら、高い位置へカットすべきである。

2-2．フレックス-プラス
図3-5
　「フレックス-プラス」は⑤がボールサイドのハイポストにポジションを取ることから始まる。①は②へパスをした後、⑤を利用してロブパスを受けるために、ゴールへカットする。

図3-5

図3-6
　もし①がオープンにならなかったら、②はフォワードの④にパスをする。そして③は①を利用してボールサイドのローポストにカットする。

図3-7
　ゴールにカットしたとき、③がオープンになっているのなら、④は③にパスをする。もし③がオープンになっていないのなら、②と⑤はトップにカットする①へダブルスクリーンをセットする。

図3-8
　それから④は①にパスをして①がシュートを狙い、同時に③はハイポストへフラッシュする。そして、②は⑤を利用してトップへ移動し、⑤はエルボーへ移動する。

図3-6

図3-7

図3-8

以下は①から②へパスをした後の展開方法である。

図3-9

　①は②にパスをして、③を利用してゴールへカットする。

図3-10

　②は⑤にパスをして、④が①を利用してカットする。

図3-11

　②と③は①へによるダブルスクリーンをセットする。

図3-12

　その後、最初のアライメントへ戻る。

図3-9

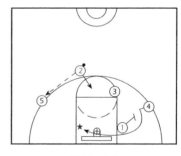
図3-10

図3-11

図3-12

2-3．シャッフルカット・オプション

「シャッフルカット・オプション」は「フレックス–プラス」を5人のプレーヤーがより動けるようにしたものである。

図3-13

「フレックス–プラス」では、②から④へパスをしたあと、②と⑤が①へダブルスクリーンをセットする。

図3-14

「シャッフルカット・オプション」を用いるとき、②は⑤に対してダウンスクリーンをセットし、⑤はボールサイドのトップへカットする。

図3-15

それから②は①へのスクリーンをセットし、①はオフボールサイドのガードポジションへカットする。

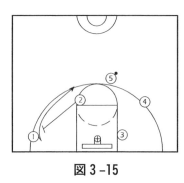

図3-13　　　　　　　図3-14　　　　　　　図3-15

図3-16、3-17、3-18

ここから⑤は①にパスをし、③を利用して、ロブパスを受けるためにゴールへカットする。

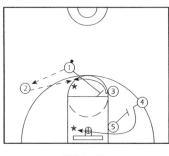
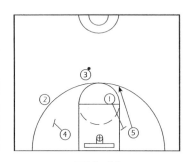

図3-16　　　　　　　図3-17　　　　　　　図3-18

3．プレッシャーディフェンスへの対策

3-1．ガードとガードのパスがディナイされた場合
図3-19
ガードとガード（①と②）のパスがディナイされたときの最も簡単な対策は、②が④へスクリーンをセットすることである。①は④にパスをしてから、ゴールへカットしオフェンスを展開する。

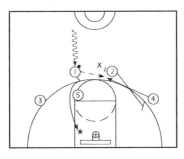

図3-19

3-2．ドリブルエントリー
このプレーも、①から②へのパスがディナイされたときに用いられる。そして「ドリブルエントリー」は、このオフェンスのエントリーにおいて、さらに多様性を加えることになる。

図3-20
①から②へのパスがディナイされている場合、①は③の方向へドリブルをし、③はレーンを横切って反対サイドのウイングへクリアーする。そして②は⑤を利用してカットする。

図3-21
もし②がオープンにならないのなら、①はトップにいる④にパスをし、④は③へパスをする。それから①は②のスクリーンを利用してカットし、ボールサイドのローポストにカットする。

図3-22
それから④と⑤は②へダブルスクリーンをセットする。

図3-20

図3-21

図3-22

図3-23
③は②へパスをすることで、最初のアライメントに戻る。

図3-23

3-3．ウィークサイドエントリー
図3-24
　ウィークサイドの②がボールを運んできて、⑤がボールサイドへ移動できなかった場合、「ベーシック・モーション」は以下のようにして適応することができる。②はドリブルをやめ、①が⑤を利用して、ゴールへカットする。
図3-25、3-26
　もし①がオープンにならなかったのなら、②は④にパスをし、③のオフボールサイドからのカットに引き続いて②と⑤は①へダウンスクリーンをセットする。

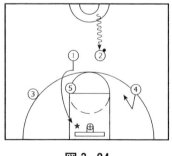
図3-24

図3-25

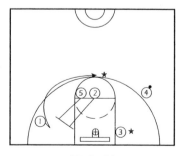
図3-26

図 3 –27
④が①にパスをすることで、最初のアライメントに戻る。

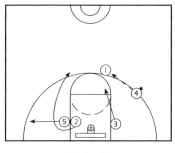

図 3 –27

 4．補助的なプレー

「フレックス-プラス」のエントリー方法として、ポピュラーなセットプレーの多くが用いられる。それは以下のようなものである。

4 - 1．デポール・カット
図 3 –28
①が③へパスをし、ハイポストプレーヤー⑤を利用してオフボールサイドのローポストにカットする。

図 3 –29
このプレーの後、①は④へスクリーンをセットし、④はボールサイドのローポストにカットする。

図 3 –30
④のカットの後に②と⑤は①へダブルスクリーンをセットし、①はトップへ移動する。

図 3 –31
③が①にパスをすることで、最初のアライメントへ戻る。

図 3 –28　　　　　図 3 –29

図 3 -30

図 3 -31

4 - 2．UCLA スラッシュカットプレー

図 3 -32

　①が③にパスをし、ハイポストプレーヤー⑤を利用して①がボールサイドのローポストにカットする。

図 3 -33

　それから⑤は外へ出て③からのパスを受ける。③は①へダウンスクリーンをセットして、①はウイングへカットする。その間、②は④へスクリーンをセットする。

図 3 -34

　③はハイポストへ移動し、⑤は①へジャンプシュートのためのパスをしてもよいし、④にパスをして③を利用してロブパスを受けるためのカットをする。

図 3 -32

図 3 -33

図 3 -34

図 3 -35、3 -36、3 -37

　ここから、「フレックス–プラス」が続けられる。

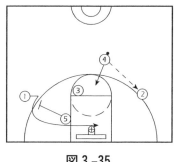
図3-35

図3-36

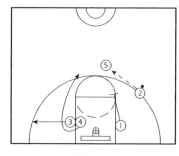
図3-37

4-3．シャッフルクロスプレー

このエントリー方法はシャッフルプレーを用いているチームにとってポピュラーなパターンであるが、エントリーとして実行するには、合図を出すことが必要である。

図3-38

①が③にパスをし、②はポストプレーヤー⑤を利用して、ボールサイドのローポストにカットする。オフボールサイドのフォワード④は①と⑤を利用してトップへカットする。

図3-39

③は②へパスできないのなら、④にパスをする。そして⑤は①へスクリーンをセットする。

図3-38

図3-39

図3-40

①は⑤のダウンスクリーンを利用してトップへ移動する。そして③から④へのパスがされたとき、②はハイポストへ移動する。

図3-41

「ベーシック・モーション」は④が①にパスをすることで続けられる。

図 3-40

図 3-41

4-4. クロスレーンプレー

図 3-42

①が②にパスをした後に、①がハイポストプレーヤー⑤を利用して、ボールサイドのローポストにカットする。ここから2つのオプションが展開される。

図 3-42

4-4-1. ストロングサイド・オプション

図 3-43

②は④にすぐにパスをし、②と⑤は③にスクリーンをセットする。③はボールサイドのトップに移動する。

図 3-44

④が③にパスをすることで、最初のアライメントに戻る。

図 3-43

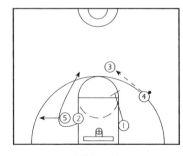
図 3-44

4-4-2．ウィークサイド・オプション

図 3-45、3-46

②は①からのパスを受けたあと、ウィークサイド方向へドリブルをし、③へパスをする。

図 3-47

そして、④が①を利用してボールサイドのローポストにカットする。

図 3-45

図 3-46

図 3-47

図 3-48

それから②と⑤は①にダブルスクリーンをセットし、①はボールサイドのトップへカットする。

図 3-49

③は①にパスをして、最初のアライメントに戻る。

図 3-50

この「クロスレーンプレー」もまた、①が②にパスをして、レーンをよこぎるカットをすることで、オフェンスが展開される。

図 3-48

図 3-49

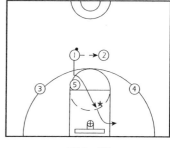
図 3-50

4-5．トップ-ポストプレー

図 3-51

①は②にパスをし、⑤を利用してオフボールサイドのゴール下へカットする。

図 3-52

⑤はトップへ移動し、②は④にパスをする。「ベーシック・モーション」では、③が①を利用してローポストへカットするが、この場合はハイポストにカットする。

図 3-53

もし③が④からのパスを受けたのなら、③はシュートかインサイドにいる①のポストアップを見る。もし③がパスを受けられないのなら、③はボールサイドのハイポストへカットする。

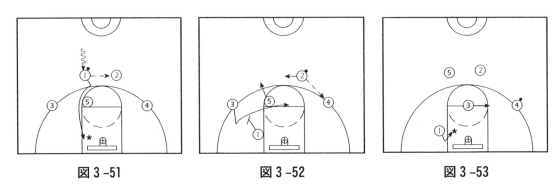

図 3-54、3-55

③がボールサイドのハイポストへカットすると、すぐに②はゴールへカットする。それから②は①のスクリーンを利用して、⑤からのパスを受ける。

図 3-56、3-57

②はトップへドリブルをして最初のアライメントに戻り、オフェンスが継続される。

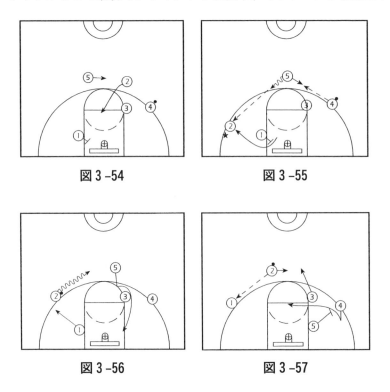

5．ゾーンディフェンスに対する方法

5-1．トップ-ポストプレー

もしあなたが「フレックス-プラス」を採用するのなら、ゾーンオフェンスとしても用いることができる。

図 3-58

①は②にパスをし、⑤を利用してカットする。このプレーにより、ゾーンディフェンスの有利性をほとんど失わせることができる。つまり、ゾーンディフェンスの上部を偶数から奇数へ変化させるのである。多くのマッチアップゾーンはこの変化に対応してくるだろう。

図 3-59

⑤が前方へ飛び出すことで、ゾーンディフェンスの上部は再び偶数となる。②は⑤にパスフェイクをして外にゾーンディフェンスを引っ張り出し、それから④へパスをする。③は④からのパスを受けるためにハイポストにカットし、パスを受けたら、シュートもしくはインサイドにいる①を見る。

図 3-58

図 3-59

図 3-60、3-61

もし③がオープンにならないのなら、③はボールサイド側のハイポストへ移動する。そして、②はゴールへカットしてから①を利用してウイングへ移動する。ボールが②まで展開されたら、②はトップへドリブルで移動し、オフェンスを繰り返す。

図 3-60

図 3-61

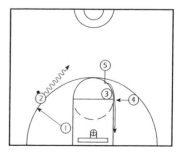
図 3-62

6．まとめ

　「フレックス-プラス・モーション」は、フレックスにロブプレーを追加し、シングルスクリーンをダブルスクリーンに置き換えつつも、フレックスのすべての特性が含まれている。そして、いくつかのポピュラーなセットプレーによっても始めることができる。また、「トップ-ポストプレー」は素晴らしいゾーンオフェンスを提供する。

第4章

ガードループ・スリープレー・モーション

【本章の構成】
1. プレーヤーのアライメントと必要要素
2. ストロングサイド・モーション
   2-1. スプリット・オプション
      2-1-1. 2ガードアライメント
      2-1-2. 1ガードアライメント
   2-2. リバース・オプション
   2-3. ハイ-ロー・オプション
3. ウィークサイド・モーション
   3-1. ビッグガードポストアッププレー
4. プレッシャーディフェンスへの対策
   4-1. ドリブルエントリー
   4-2. リバース・オプションがディナイされた場合
   4-3. ハイ-ロー・オプションがディナイされた場合
5. 補助的なプレー
   5-1. バックドアスプリットプレー
   5-2. ウィーブプレー（ウィークサイドプレー）
6. ゾーンディフェンスに対する方法
   6-1. スプリット・オプション
   6-2. リバース・オプション
   6-3. ハイ-ロー・オプション
   6-4. ウィークサイドゾーンアクション
      6-4-1. ポストアクロス
   6-5. ビッグガードポストアッププレー
7. まとめ

【訳者からのコメント】
　このオフェンスは、「ストロングサイド・モーション」と「ウィークサイド・モーション」から構成されています。これらが「ベーシック・モーション」ということになります。それぞれには「スプリット・オプション」、「リバース・オプション」、「ハイ-ロー・オプション」の3種類があり、「ウィークサイド・モーション」にはさらにもう1つのオプションが用意されています。それらのオプションは大変シンプルですが、パスする方向によって展開が変化します。そこで、スムースに進めるためには、声の合図やそれぞれのプレーヤーが何のオプションが展開されているのかを判断することが必要です。ディフェンスのプレッシャーが強い場合の対応方法の1つとして、「ドリブルエントリー」があります。これはエントリーパスがディナイされた場合の有効な手段です。このオフェンスへさらにプレーを増やしたい場合、「補助的なプレー」が追加されますが、それらはディナイ対策としても用いることが出来るでしょう。また、ゾーンディフェンスに対しても、5種類のオプションで対応することが出来ます。

このオフェンスは大変シンプルである。しかしながら、いかなるレベルにおいてもうまく用いれば成功させることができる。それは3つのオプションをともなうパターンから構成されており、ゾーンに対してもほんのわずかな変化を持たせることで対応することができる。

1．プレーヤーのアライメントと必要要素

図4-1

このオフェンスは2ガードの配置から、ストロングサイドもしくはウィークサイドで始められる。ストロングサイドはプレーヤーが多くいるサイドであり、ポストプレーヤー⑤の位置によって決定される。ガードの①と②はプレッシャーに対応しながら、オフェンスを始めることができなければならない。2人のうちの1人（**図4-1**では②）はローポストから1対1で得点をあげる能力のある選手であることが求められる。フォワードの③と④はボールハンドリングスキルの高いプレーヤーであるべきである。ポストプレーヤー⑤は1対1の能力が十分にあり、優れたパサー、そして強いリバウンダーであるべきである。

図4-1

2．ストロングサイド・モーション

図4-2

①は③にパスをし、弧を描くようにカットし、④の周辺へいく。
ここから、3種類のオプションが始まる。それは、「スプリット・オプション」、「リバース・オプション」、「ハイ-ローポスト・オプション」である。

図4-2

2-1．スプリット・オプション
図4-3

①が③にパスをしてカットスルーをしたあと、③は⑤にパスをして②とともにスプリットプレーをする。つまり③は②へスクリーンをセットし、そして②のカットの後にゴールへロールする。オフボールサイドのディフェンスは④が①へダウンスクリーンをセットすることにより、ヘルプしにくい状況になっている。

図4-3

⑤はシュートもしくはオープンプレーヤーへパスを出す。①の役割はフロアバランスを保つことである。もしシュートできないのなら、①へパスをする。ここから、2ガードアライメントと1ガードアライメントのどちらかが展開される。

2-1-1．2ガードアライメント
図4-4、4-5

①はドリブルをして離れていき、②はもう一度2ガードアライメントを開始するために、トップへ移動する。

図4-4　　　　　　　図4-5

2-1-2．1ガードアライメント
図4-6、4-7

①は③へパスをしたあとカットスルーし、②がトップへ移動する。

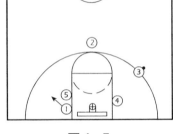

図4-6　　　　　　　図4-7

2-2．リバース・オプション
図4-8、4-9

①は③にパスをして④の方向へカットする。③は②の方向へドリブルしパスをする。このドリブルは⑤がスクリーンをセットするために行うものである。

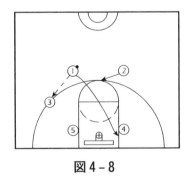

図4-8　　　　　　　図4-9

図4-10

②は①へパスをするか、⑤のスクリーンを利用する③へパスをする。

図4-11
　②が①にパスをした場合、②は1ガードアライメントを展開する。
図4-12
　もし、②がドリブルをした場合、①はトップへ移動し、2ガードアライメントを展開する。

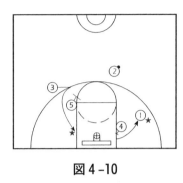
図4-10

図4-11

図4-12

2-3．ハイ-ロー・オプション
図4-13
　①は③へパスをし、④の周辺へ移動する。⑤のディフェンスが前で守っているとき、このプレーが始められる。つまり、④がハイポストにカットをして、③からのパスを受けるのである。それから④は⑤へパスをする。

図4-13

　①は再びフロアバランスを調整する。そして、もし④が⑤へパスができないのなら、①へパスされ2ガードアライメント、もしくは1ガードアライメントへリセットされる。

図4-14、4-15、4-16、4-17、4-18
　3種類全てのオプションを利用した場合を示している。
　確実にシュートが打てるように、練習においてディフェンスを付けない状態で、3種類のオプションを様々な順序で練習するのが良い方法である。

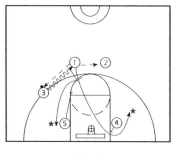
図 4-14

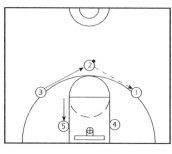
図 4-15

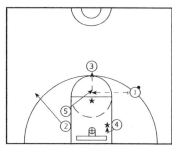
図 4-16

図 4-17

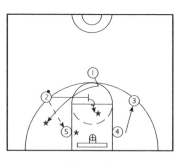
図 4-18

3．ウィークサイド・モーション

「ウィークサイド・モーション」はポストプレーヤーと反対サイドから始められる。
図 4-19

　ポストプレーヤー⑤は④のサイドでセットアップし、①は③にパスをしたあと、⑤と④の周辺へカットする。②は①のポジションへ移動する。

図 4-19

図 4-20、4-21、4-22、4-23、4-24、4-25

　それから⑤は①のカットを利用して、ボールサイドのローポストに移動する。ここから、「ストロングサイド・モーション」と同じ3種類のオプションが展開される。それは、「スプリット・オプション」、「リバース・オプション」そして、「ハイ-ロー・オプション」であ

る。

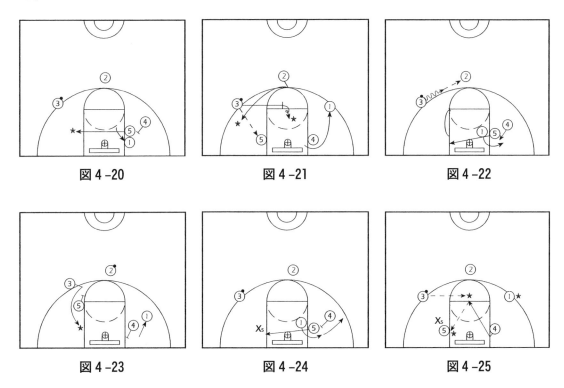

図4-20　　　　　　　　図4-21　　　　　　　　図4-22

図4-23　　　　　　　　図4-24　　　　　　　　図4-25

3-1．ビッグガードポストアッププレー

3種類のオプションを展開しながら、ウィークサイドではこのプレーを適応することができる。

図4-26、4-27

①は③へのパスの後に、②へスクリーンをセットする。②はスクリーンを利用してローポストへカットする。

図4-28

ポストアップの後、パスが入らなかった場合、②は⑤へスクリーンをセットし、⑤はボールサイドのローポストへカットする。

ここから「ストロングサイド・モーション」の3種類のオプション（「スプリット・オプション」、「リバース・オプション」、「ハイ-ローポスト・オプション」）のいずれかが始められる。

図4-26

図4-27

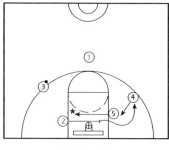
図4-28

4．プレッシャーディフェンスへの対策

4-1．ドリブルエントリー

図4-29

③のディフェンスであるＸ３が①からのパスをディナイしている場合、①は③の方向へドリブルし、③は逆サイドのウイングへ移動する。

図4-29

図4-30、4-31、4-32

そしてここから、「ストロングサイド・モーション」の3種類のオプションのいずれかが始められる。

図4-30

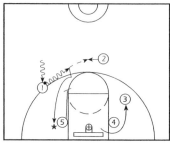
図4-31

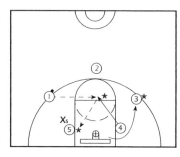
図4-32

4-2. リバース・オプションがディナイされた場合

図4-33、4-34

「リバース・オプション」を相手チームがディナイしているとき、④は②にスクリーンをセットし、②がゴールへカットする。

図4-35

もし②がオープンにならないのなら、そのプレーヤーはオフボールサイドのウイングへ、①はトップへ移動し、いずれかのオプションが展開される。

図4-33

図4-34

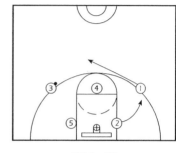
図4-35

4-3. ハイ-ロー・オプションがディナイされた場合

図4-36

X4が③から④へのパスをディナイしているときである。この時、④はすぐにゴールへカットする。その後、②がハイポストへカットし、プレーが続けられる。

図4-36

 ## 5. 補助的なプレー

以下はシーズンが進行するにつれ、加えられるプレーである。それぞれのプレーを実行するためには、合図を出す必要がある。

5-1. バックドアスプリットプレー

図4-37

①は⑤にパスをし、③がバックドアプレーをする。そして、②は①のカットをスクリーンのように利用し、ウイングに移動する。そのプレーと同時に④は①にスクリーンをセットする。

図4-37

5-2. ウィーブプレー（ウィークサイドプレー）

図4-38

①は③にパスをし、逆サイドのローポストへカットする。そして、③はハイポストへドリブルをする。

図4-39

③は②にハンドオフパスをした後、④へスクリーンをセットする。同時に、⑤はボールサイドのローポストへカットする。

図4-40

②は⑤か④へのパスを試みる。

 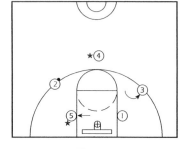

図4-38　　　　　図4-39　　　　　図4-40

図4-41、4-42、4-43

ここから3種類のオプションのいずれかが行われる。

図4-41

図4-42

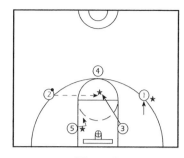
図4-43

6．ゾーンディフェンスに対する方法

ゾーンディフェンスに対してプレーするときも、同じパターンが行われる。3種類のオプションはゾーンディフェンスに対しても、実行可能である。

6-1．スプリット・オプション
図4-44、4-45、4-46
①は③にパスをし、④の方向へカットする。このカットにより、オフェンスの前の人数が偶数から奇数へ変化する。それから③は⑤にパスをし、②へスクリーンをセットする。そして①がフロアバランスを整えるためにトップへ移動する。

図4-44

図4-45

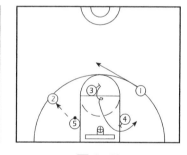
図4-46

6-2．リバース・オプション
図4-47
①が③にパスをし、④の方向へカットしたあと、③はドリブルをしてから②へパスをする。そして、②は④のスクリーンを利用してカットする①へパスをする。

図4-47

6-3．ハイ-ロー・オプション
図4-48、4-49

①は③にパスをし、④の方向へカットし、③はハイポストへカットしてくる④へパスをする。そして、⑤はポストアップし、①はウイングからコーナーへカットする。

図4-48

図4-49

④はパスを受けたのなら、ターンシュートを試みるべきである。もしゾーンディフェンスのミドルプレーヤーが④を守ろうとして上へ移動するなら、⑤はオープンになるだろう。最も多く見られるケースは、①がオープンになりシュートを打つ場面である。なぜなら、③がボールを持った時点で、ゾーンディフェンスは③の方向へ移動する。そのため、①のカバーへ戻ることが難しくなるからである。

6-4．ウィークサイドゾーンアクション
6-4-1．ポストアクロス

ポストプレーヤーがボールサイドで攻撃するとき、①のカットを利用して⑤はボールサイドのミドルポストへカットする。もしこのパスが成功するなら、多くの展開が可能である。
図4-50
⑤がシュートを打つか、④のスクリーンを利用してウイングにカットする①へパスをする。

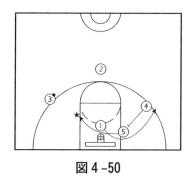

図 4 –50

6 - 5．ビッグガードポストアッププレー
図 4 -51、4 -52

　マンツーマンディフェンスに対する、「ウィークサイド・モーション」と同じように、②はボールサイドのポストにカットする。このプレーのとき、④はハイポストにカットし、パスを受けたのなら、シュートもしくは、②かゾーンのインサイドにいる⑤にパスをする。この状況はゾーンディフェンスにとってカバーすることが大変困難なものである。

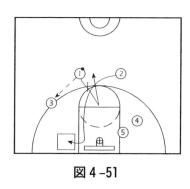
図 4 –51

図 4 –52

図 4 -53、4 -54

　もし、④がハイポストでオープンにならないのなら、②は逆サイドへ移動し、⑤がボールサイドにカットする。③は①にパスをし、そして②へパスされる。それから①はカットスルーをおこない、新たなプレーを展開する。

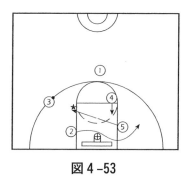
図 4 –53

図 4 –54

7．まとめ

　このオフェンスは大変シンプルであるが、機能的なパターンであり、3種類のベーシック・オプションはプレーの幅を広げるものである。このオフェンスはマンツーマンディフェンスやゾーンディフェンス、そしてコンビネーションディフェンスに対して成功的に行うことができるだろう。

第5章

パッシングゲーム・オーバーロード・モーション

【本章の構成】
1. プレーヤーのアライメントと必要要素
2. ベーシック・モーション
   - 2-1. ボールサイドカット・オーバーロード・モーション
   - 2-2. スクリーン&バックドア・オプション
   - 2-3. オフボールサイドカット・オーバーロード・モーション
3. プレッシャーディフェンスへの対策
   - 3-1. トップからウイングへのパスがディナイされた場合
     - 3-1-1. ドリブルエントリー（ウイングがコーナーへ移動）
     - 3-1-2. ドリブルエントリー（ウイングが逆サイドのウイングへ移動）
   - 3-2. ウイングからトップへのパスがディナイされた場合
     - 3-2-1. トップへのロブパス
     - 3-2-2. ウイングからトップへのドリブルクリアー
4. 補助的なプレー
   - 4-1. コーナープレー
   - 4-2. タイトインサイド・モーション
     - 4-2-1. ウィークサイド・エントリーパス
5. ゾーンディフェンスに対する方法
   - 5-1. ボールサイドカット・オーバーロード・モーション
   - 5-2. オフボールサイドカット・オーバーロード・モーション
6. まとめ

【訳者からのコメント】
　このオフェンスは、パスを用いながらオーバーロードを形成します。その形成方法は非常に分かりやすく、ガードがボールサイドとオフボールサイドのどちらにカットするかで決定されます。オフェンスが展開されるなかで、アウトサイドプレーヤーはインサイドのポジションへカットするため、インサイドプレーも求められます。ディナイへの対策方法も2種類が用意されています。そして、「補助的なプレー」では、「タイトインサイド・モーション」が紹介されています。これは日本においてあまり馴染みのないプレー（**図5-38**において、③が⑤にスクリーンをセットするプレー）ですが、アメリカにおいては一般的なプレーのようです。また、ゾーンディフェンスに対しても、同様にオーバーロードが形成されます。ゾーンオフェンスとして、オーバーロードを導入しているチームは多いと思われますので、比較的容易に適応ができるかもしれません。

このオフェンスは多様性があり、5人のプレーヤーの互換性のあるシステムである。アウトサイドに3人の小さい選手である①②③、そして大きい選手である④と⑤はインサイドでポジションを維持しながら、オフェンスを連続して展開する。それはパッシングゲームとオーバーロードを用いた、機能的な戦術である。このオフェンスには多くのミドルカットが加えられており、それはゾーンディフェンスにも適応することができる。

 ## 1．プレーヤーのアライメントと必要要素

図5-1

　このオフェンスは1-2-2のスタックから始められる。ガード①はチームで最も優れたボールハンドラーであり、④と⑤はポストプレーヤーであり、スタックの上部に位置する。②と③はチームで最も優れたジャンプシューターであり、さほど背の高さは求められない。④と⑤はインサイドとアウトサイドでプレーすることが求められる。①②③はインサイドでポストアップする必要がある。

図5-1

 ## 2．ベーシック・モーション

　「ベーシック・モーション」は「ボールサイドカット・オーバーロード・モーション」か、「オフボールサイドカット・オーバーロード・モーション」から始められる。

2-1．ボールサイドカット・オーバーロード・モーション

図5-2

　①が②にペネトレイトパスをしてからゴールへカットしてからボールサイドのコーナーへカットする。その後、③がトップへ移動し、⑤は④のスクリーンを利用して、ボールサイドのローポストへカットする。

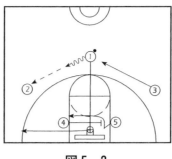

図 5-2

2-2. スクリーン&バックドア・オプション

このプレーは②がボールサイドに移動してくる⑤にパスをして、①もしくは③にスクリーンをセットする。スクリーンを受けないプレーヤー（①か③のどちらか）はバックドアを行い、スクリーンを受けたプレーヤーはボール方向へカットする。

図 5-3

②が⑤にパスをし、③にスクリーンをセットした場合、①はバックドアプレーをする。②はスクリーンの後、ミドルへロールする。

図 5-4

②が⑤にパスをし、①にスクリーンをセットした場合、③はバックドアプレーをする。②はスクリーンの後、ゴールへロールする。

図 5-5

このプレーは②が⑤にパスできない場合に行われる。

②が③にパスをし、③はウイングに移動してくる④にパスをする。②は⑤を利用してローポストへカットし、①は②のカットを利用しながらカットする。

 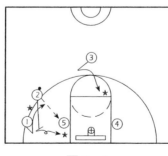 

図 5-3　　　　　　　図 5-4　　　　　　　図 5-5

図 5-6

もし、①も②もオープンにならないのなら、②はボールサイドのコーナーへ移動し、それに続いて①はボールサイドのローポストへ移動する。

図 5-7

それから⑤は③のスクリーンを利用してトップへ移動し、「ベーシック・モーション」が

繰り返される。

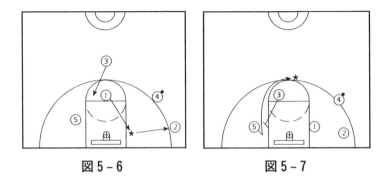

図5-6　　　　　　　図5-7

2-3．オフボールサイドカット・オーバーロード・モーション

図5-8

①が②にパスをし、ゴールへカットした後、オフボールサイドのウイングへ移動する。⑤は①のカットをスクリーンのように利用し、ボールサイドのハイポストへ移動する。そして、③はトップへ移動する。

図5-9

②はインサイドの④を最初に見る。もし④のディフェンス（X4）が前で守っているのなら、②は⑤にパスをしてハイポストを攻撃する。このパスは④のディフェンスを引きつけることになり、⑤から④へパスが通れば、パワーレイアップシュートが可能である。

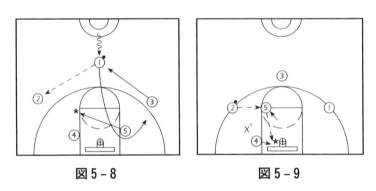

図5-8　　　　　　　図5-9

図5-10

もし②が④もしくは⑤にパスできないのなら、④はボールサイドのコーナーにクリアーし、⑤はローポストへ移動する。

図5-11

ここから②はもう一度⑤へパスすることを試み、「スクリーン＆バックドア・オプション」を行う。⑤へパスができないのなら、③にパスをして「ベーシック・モーション」をもう一度開始する。

図5-12

もし①がどちらのカッターにもパスができないのなら、②はボールサイドのコーナーへ移

動し、④はローポストへ移動する。そして、⑤は③のスクリーンを利用して、トップへカットする。

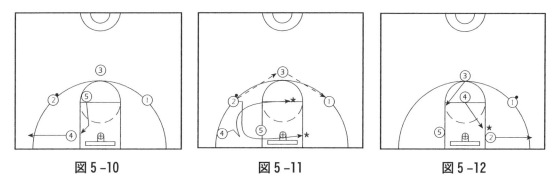

図 5-10　　　　　　　図 5-11　　　　　　　図 5-12

図 5-13、5-14
それから①は④にパスをし、⑤と②で、「スクリーン＆バックドア・オプション」を行う。
図 5-15
もしくは①は⑤にパスをし、「ベーシック・モーション」を再スタートさせる。

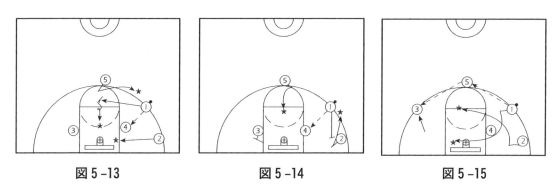

図 5-13　　　　　　　図 5-14　　　　　　　図 5-15

 ## 3．プレッシャーディフェンスへの対策

3-1．トップからウイングへのパスがディナイされた場合
トップからウイングへのパスは、「ベーシック・モーション」を始めるためのキーである。そのパスがディナイされたとき、以下のエントリー方法が用いられる。

3-1-1．ドリブルエントリー（ウイングがコーナーへ移動）
図 5-16
①がどちらのウイングにもパスができないのなら、ウイングプレーヤー（この図では②）の方向へドリブルをし、②はボールサイドのコーナーへ移動する。そして③がトップへ移動し、⑤は④のスクリーンを利用してボールサイドのローポストへ移動する。
図 5-17
①は⑤にパスをし、「スクリーン＆バックドア・オプション」を行うか、①が③へパスをし、そこから④へボールが移動することで、「ベーシック・モーション」を展開する。

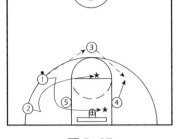

図 5 -16　　　　　　　　　　図 5 -17

3 - 1 - 2 . ドリブルエントリー（ウイングが逆サイドのウイングへ移動）

図 5 -18

①がどちらのウイングにもパスが出来ないときの、もう１つのエントリー方法である。この図においては、①が②に向かってドリブルをし、②はレーンを横切ってクリアーする。そして、④はトップへカットし、⑤はボールサイドのハイポストへ移動する。

図 5 -19

①は④へパスをして、③のスクリーンを利用してカットしてくる②へパスをする。

図 5 -20

②はシュートかポストアップをしている③へパスをする。Ｘ３が③の前で守っているのなら、⑤はボールサイドのハイポストへカットする。

図 5 -18　　　　　　　図 5 -19　　　　　　　図 5 -20

図 5 -21

もし、②が⑤へパスをしないのなら、③はコーナーへ、⑤はローポストへ移動する。そして、④は①にスクリーンをセットし、①はトップへカットする。

図 5 -22、5 -23

それから②は①にパスをし、④へボールを展開し、「ベーシック・モーション」を始める。

図 5 -21

図 5 -22

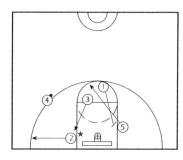
図 5 -23

3 - 2．ウイングからトップへのパスがディナイされた場合
3 - 2 - 1．トップへのロブパス
図 5 -24

④は①から③へのパスがディナイされていることに気づいたらすぐに、③へスクリーンをセットする。そして、③は①からのロブパスを受けるためにゴールへカットする。

図 5 -25

もし、①が③へパスできないのなら、④はトップへ移動し、①からのパスを受ける。それから④はオフボールサイドのウイングに移動した③にパスをする。ここから「ベーシック・モーション」が行われる。

図 5 -24

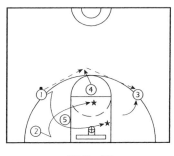
図 5 -25

3 - 2 - 2．ウイングからトップへのドリブルクリアー

ウイングからトップへのパスがディナイされているときの２つ目の対応方法は、ドリブルクリアーである。Ｘ３が③へのパスをディナイしているとき、①はトップへドリブルし、③はゴールへカットしてからどちらかのコーナーへ移動する。

図 5 -26

③がストロングサイドのコーナーを選択した場合である。

図 5 -27

①はウイングに移動してくる④にパスをし、「ベーシック・モーション」を開始する。

図5-26　　　　　　　　図5-27

図 5 -28、 5 -29、 5 -30、 5 -31

　もし③がウィークサイドのコーナーを選択したなら、①はどちらかのウイングにパスをする。**図 5 -29**では、③にパスをした場合を示している。

図 5 -30

　④はボールサイドのコーナーへ移動し、⑤は同じサイドのローポストへ移動する。同時に①は②へスクリーンをセットする。

図 5 -31

　③が②にパスをすることで、「ベーシック・モーション」が展開される。

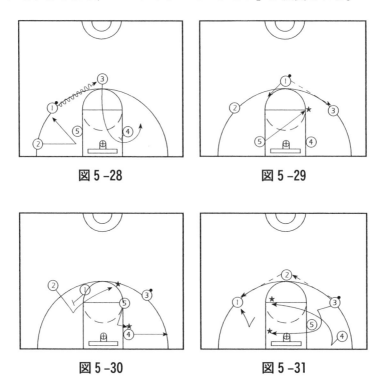

図5-28　　　　　　　　図5-29

図5-30　　　　　　　　図5-31

4．補助的なプレー

4-1．コーナープレー

図5-32

「ベーシック・モーション」の展開から、④はトップではなく、コーナーの①にパスをする。そして④は①と③の間をカットする。

図5-33

③は①にスクリーンをセットする。そして、①はドリブルをしながら、ロールをする③へパスを出す。

図5-34

もし①がシュートもパスもできないのなら、②へパスをし、⑤のスクリーンを利用してウイングへカットする④へパスをする。

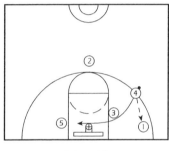
図5-32

図5-33

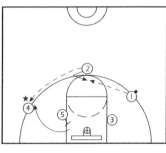
図5-34

図5-35

④がシュートを打てないのなら、③はハイポストへ移動する。同時に②は①にスクリーンをセットする。

図5-36

⑤はボールサイドのコーナーへクリアーし、③はローポストへ移動する。

図5-37

④は①へパスをし、「ベーシック・モーション」が展開される。

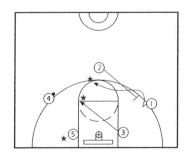
図5-35

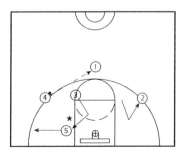
図5-36

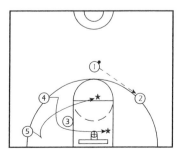
図5-37

4-2. タイトインサイド・モーション

素早く、そして高確率のシュートが求められるときに、このプレーが選択される。

図5-38

①は②の方向へドリブルをし、②は④を利用してトップへカットする。そして、オフボールサイドの③が⑤に対してハードにスクリーンをセットする。⑤はスクリーンを利用してボールサイドのハイポストへカットする。

図5-39

もし、⑤が①からのパスを受けたのなら、⑤はシュートかインサイドの④を見る。

図5-40

もし、①が④⑤へパスできないのなら、④は③にスクリーンをセットし、③はボールサイドのローポストへカットする。

図5-38　　　　　図5-39　　　　　図5-40

図5-41、5-42、5-43

もし、③がオープンにならないのなら、①はトップにいる②にパスを出す。それから②はウイングにドリブルし、「タイトインサイド・モーション」が繰り返される。

 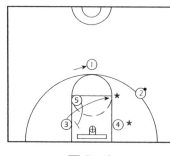 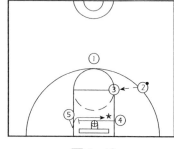

図5-41　　　　　図5-42　　　　　図5-43

4-2-1. ウィークサイド・エントリーパス

「タイトインサイド・モーション」は以下の方法でも始められる。

図5-44

図5-41では、②がドリブルでウイングへ移動しているが、ウィークサイドのウイングへ移動してくる④へパスをしても始められる。

図５−45

このパスの後、ストロングサイドの①は⑤と③のスクリーンを利用してローポストへカットする。

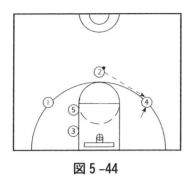

図５−44

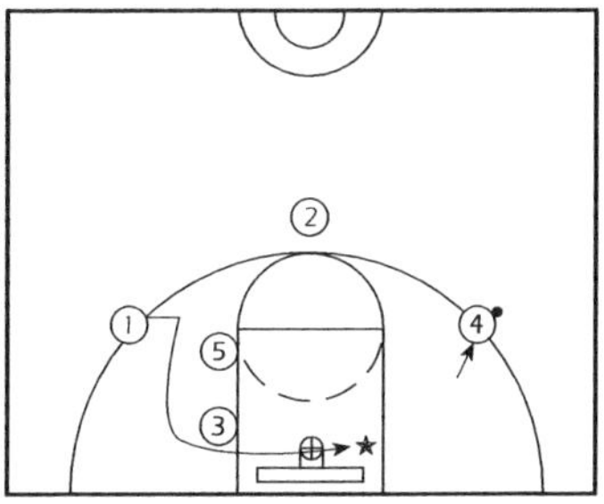

図５−45

図５−46

⑤は③にダウンスクリーンをセットし、③はボールサイドのハイポストにカットする。

図５−47

それから⑤は①のスクリーンを利用してボールサイドのローポストへカットする。もし④が⑤へパスできなければ②にパスをし、「タイトインサイド・モーション」が行われる。

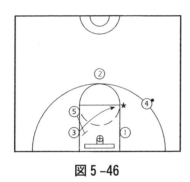

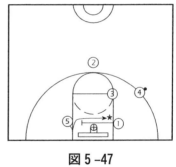

図５−46

図５−47

５．ゾーンディフェンスに対する方法

５-１．ボールサイドカット・オーバーロード・モーション

図５−48

①が②にパスをし、ゴールへカットしてから、ボールサイドのコーナーにクリアーする。これで、オーバーロードが形成される。

図５−49

⑤はハイポストへカットする。

図５−50

もし、②が⑤にパスできないのなら、④はレーンを横切ってクリアーする。それから⑤はローポストへ移動する。

図 5 -48

図 5 -49

図 5 -50

図 5 -51
　ここから、オーバーロードが形成される。

図 5 -52
　③がウィークサイドにいる④にパスをしたら、「ベーシック・モーション」と同じカットが行われる。

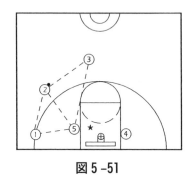
図 5 -51

図 5 -52

図 5 -53
　ゾーンディフェンスに対するカットのタイミングは、②がレーンを横切ってから①はハイポストにカットする。

図 5 -54
　もし、④が①にパスをした場合、①は⑤と②のどちらかへパスをする。

図 5 -55
　もし、④が①にパスをできないのなら、②はコーナーにクリアーし、①はローポストに移動する。ここから、オーバーロードが形成される。

図 5 –53

図 5 –54

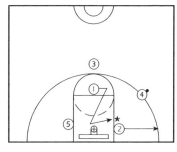
図 5 –55

5 - 2．オフボールサイドカット・オーバーロード・モーション

図 5 –56

①が②にパスをしてから、オフボールサイドにカットした場合、⑤は①を利用してハイポストへカットする。もし、⑤が②からのパスを受けたなら、⑤はシュートかインサイドにいる④を見る。

図 5 –57

もし、②が⑤か④にパスできないのなら、④はボールサイドのコーナーにクリアーし、オーバーロードを作り出し、⑤はローポストへ移動する。

図 5 –56

図 5 –57

図 5 –58、5 –59

ここから、オーバーロードが形成され、同じ展開が始められる。

図 5 –58

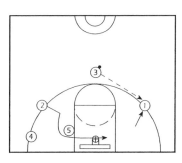
図 5 –59

図 5 -60

それから④は②がレーンを横切ってからハイポストへカットする。

図 5 -61

①から④へのパスができないとき、②はボールサイドのコーナーにクリアーし、④はローポストへ移動する。

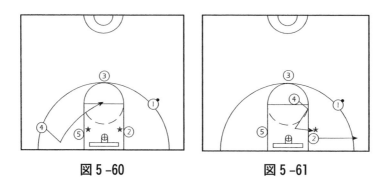

図 5 -60　　　　　図 5 -61

これら2つのオプションはゾーンオフェンスとしては充分に機能させることができる。これらのシステムはゾーンの最も無防備なエリアの2つを攻撃する。そのエリアとはコーナーとハイポストである。

 6．まとめ

「パッシングゲーム・オーバーロード・モーション」にはオフェンスの様々なプレーが組み込まれ、ディフェンスを広げる傾向にある。そのため、ハイパーセンテージエリア（ペイントエリア近辺）にスペースが生まれ、シュートのほとんどはそこからのものになる。補助的なプレーは、もし必要な状態が生じたときに選択肢を増やすために用いられる。このオフェンスはゾーンのときも用いられるため、2つの価値をもつことになる。

第6章

1-3-1ホイール・モーション・ゲーム

【本章の構成】
1. プレーヤーのアライメントと必要要素
2. ホイール・モーションへの3種類のエントリー
   2-1. スラッシュカットエントリー
   2-2. ロブカットエントリー
   2-3. ドリブルエントリー
   2-4. スラッシュカット・モーション
   2-5. ロブカット・モーション
   2-6. ドリブルエントリー・モーション
   2-7. セットプレー
      2-7-1. セットプレー ＃1コーナープレー
      2-7-2. セットプレー ＃2スイッチプレー
3. プレッシャーディフェンスへの対策
   3-1. ローポストプレーヤーへのロブパス
   3-2. ハイポストプレーヤーへのロブパス
   3-3. トッププレーヤーへのロブパス
4. 補助的なプレー
   4-1. オフボールサイドでのロブプレー
   4-2. スイッチをさせるロブプレー
   4-3. トッププレーヤーへのロブカット・モーション
5. ゾーンディフェンスに対する方法
   5-1. スラッシュカット・モーション
   5-2. ロブカット・モーション
   5-3. ドリブルエントリー・モーション
   5-4. セットプレーについて
      5-4-1. スイッチプレー
      5-4-2. コーナープレー
6. まとめ

【訳者からのコメント】
　このオフェンスは、3種類のエントリープレー（スラッシュカットエントリー、ロブカットエントリー、ドリブルエントリー）から、3種類のモーション（スラッシュカット・モーション、ロブカット・モーション、ドリブルエントリー・モーション）で構成されています。そして、そこから2種類のセットプレーが展開されます。このオフェンスは明確なアウトサイドプレーヤーとインサイドプレーヤーが必要です。つまり、アウトサイドプレーヤーがインサイドでのプレーを求めるようなことはほとんどありません。しかし、アウトサイドのプレーヤーがインサイドでもプレーができるような場合、「補助的なプレー」における「スイッチをさせるロブプレー」が適応出来ます。また、ゾーンオフェンスとしても、簡単な修正を加えることでオーバーロードを形成し、攻撃することが出来ます。

このオフェンスは、3種類のエントリープレーから、3種類の連続性のあるパターンが展開される。3人のアウトサイドプレーヤーの1人がオーバーロードを形成し、次のセットプレーが始められるまで行われる。

 ## 1．プレーヤーのアライメントと必要要素

図6-1
　このオフェンスはガードの①、ウイングの②と③、そしてハイポストの④、ローポストの⑤の配置から開始される。①②③はアウトサイドで相互に入れ替わり、④と⑤はインサイドの技術が求められる。つまり、このオフェンスはアウトサイドの高い技術と強いインサイドのプレーヤーがいるチームにとって有効である。

図6-1

 ## 2．ホイール・モーションへの3種類のエントリー

　「ホイール・モーション」へは3種類のエントリーがある。それは、「スラッシュカット」、「ロブカット」、「ドリブルエントリー」である。

2-1．スラッシュカットエントリー
図6-2
　①はハイポストプレーヤーがいるサイドの②にパスをし、④を利用して、スラッシュカットをする。

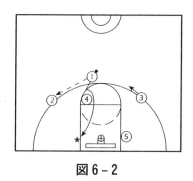

図6-2

2-2. ロブカットエントリー
図6-3
①はローポストプレーヤー⑤がいるサイドの③へパスをして、④を利用してロブカットをする。

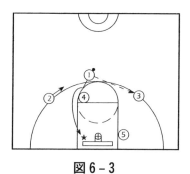

図6-3

2-3. ドリブルエントリー
図6-4
①は②の方向へドリブルをし、②は逆サイドのウイングへクリアーする。

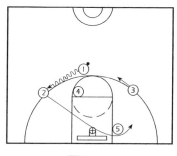

図6-4

ここから、「ホイール・モーション」の3種類のパターンが以下の方法で行われる。

2-4．スラッシュカット・モーション

図6-5、6-6

①は②にパスをしたあと、④を利用してスラッシュカットをし、③はトップへ移動する。②は③にパスをし、③は①にパスをする。もし、①がオープンになっていないのなら、③は②にパスをし、「スラッシュカットエントリー」をする。③が①にパスをしたのであれば、「ロブカットエントリー」を行う。

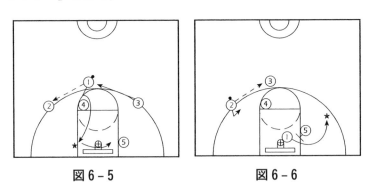

図6-5　　　　　　　図6-6

2-5．ロブカット・モーション

図6-7

③は①にパスをしてから、④を利用してロブカットする。そして、②はトップへ移動する。

図6-8

③がオープンになっていなかったため、①は②にパスをする。そして3種類のエントリープレーのいずれかが行われる。

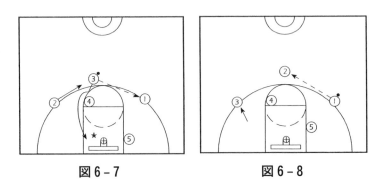

図6-7　　　　　　　図6-8

2-6．ドリブルエントリー・モーション

「ドリブルエントリー・モーション」はウイングプレーヤーのディフェンスがエントリーパスをディナイしているときに用いられる。

図6-9

②は③もしくは①にパスをしようとするが、ディナイされているため、③に向かってドリ

ブルをする。
図6-10
③は⑤のスクリーンを利用して、ウイングへカットする。②は①にパスをし、③へボールが移動する。
図6-11
①から③へのパスは「ロブ・モーション」のキーとなっている。

図6-9

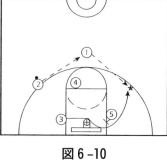
図6-10

図6-11

2-7．セットプレー

3種類の「ホイール・モーション」は①②③の誰かが合図を出し、オーバーロードを形成するまで、連続して行われる。

図6-12
この図は、「ロブカット」からのオーバーロードの形成を示している。①は③にパスをし、「ロブカットエントリー」を行う、そしてそれから、ボールサイドのコーナーへカットする。
図6-13
そして④がボールサイドに移動することで、オーバーロードが形成される。

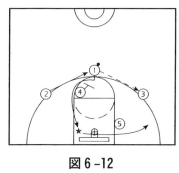
図6-12

図6-13

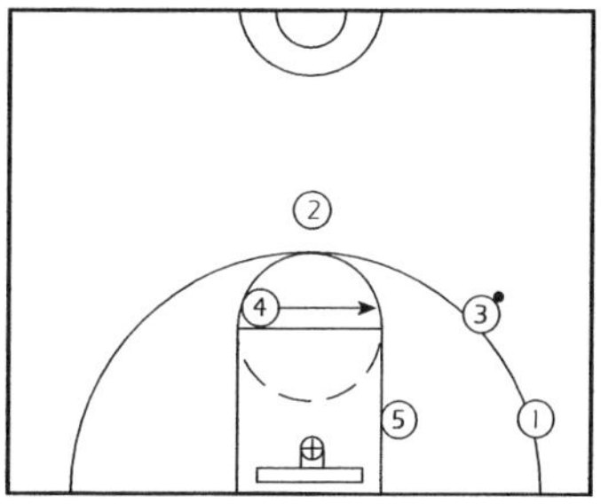

図6-14
「スラッシュカットエントリー」から⑤がボールサイドへ移動することで、オーバーロードが形成される。
図6-15
「ドリブルエントリー」から⑤がボールサイドへ移動することで、オーバーロードが形成

される。

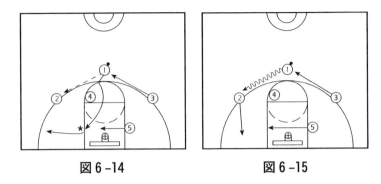

図6-14　　　　　図6-15

これらのオーバーロードから、以下の2つのセットプレーが行われる。

2-7-1．セットプレー　＃1コーナープレー

図6-16

③はコーナーにいる①にパスをして、カットする。

図6-16

図6-17

　それから、⑤は①にスクリーンをセットする。①は⑤を利用してドリブルをし、シュートもしくは⑤にパスをする。

図6-18

　①がどちらも出来ない場合は、②と④のダブルスクリーンを利用してカットする③にパスをする。

図6-19

　③が①からのパスを受けて、シュートできないのなら、②はウイングにカットし、④はハイポストに移動し、「ホイール・モーション」が続けられる。

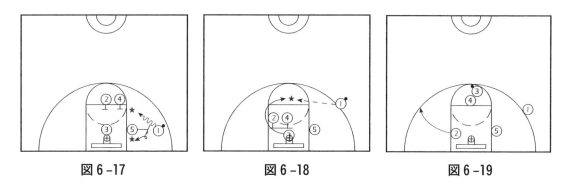

図6-17　　　　　図6-18　　　　　図6-19

2-7-2. セットプレー　#2スイッチプレー

図6-20

③がボールを保持し、④がボールサイドのハイポストへ移動することで、オーバーロードが形成される。

図6-21

このオフェンスは③がハイポストの④にパスをすることがキーとなる。⑤は①にスクリーンをセットし、①はゴールへカットする。⑤がスクリーンをセットする目的はスイッチをさせることである。

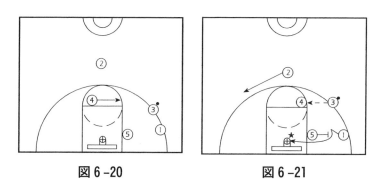

図6-20　　　　　図6-21

図6-22

スイッチが生じた場合、小さいプレーヤーX1が⑤をマークすることになり、X1にとって不利なマッチアップになる。①と⑤のどちらもオープンになっていないのなら、それはおそらく、X1とX5がボールサイドで高いディフェンスポジションをとっているからである。

図6-23

このような状態になったとき、④はどちらかのウイングにパスをすることができる。パスの角度を変えて、インサイドへのパスをさせるのである。この図は④が③にパスをした場合を示している。それから③はインサイドの⑤にパワーレイアップシュートのためのパスを出す。

図6-24

同じようにパスの角度を変えることは、反対サイドでも行われる。

④が②にパスをし、②はパワーレイアップシュートのためのパスを①に出す。

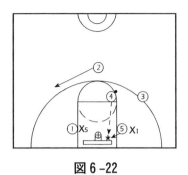
図6-22

図6-23

図6-24

3．プレッシャーディフェンスへの対策

セットプレーが行われているとき、ディフェンスはオーバーディフェンスをする傾向にある。そこで3種類のロブパスプレーがプレッシャーディフェンスへの簡単な対策になる。

3-1．ローポストプレーヤーへのロブパス
図6-25
多くのチームはローポストプレーヤーの前に回ってディフェンスするルールを持っている。しかしながら、このオフェンスではオフボールサイドのヘルプがいないため、③が⑤に容易にパスをすることができる。このとき、⑤は両手を挙げてベースライン側を向き、ディフェンスにシールすることが必要である。

図6-25

3-2．ハイポストプレーヤーへのロブパス
図6-26
スイッチプレーが行われているとき、X4が④をオーバーディフェンスする傾向にある。この状態が生じたとき、④はバックドアプレーを行い、③は④にロブパスをする。

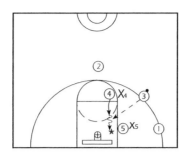

図 6-26

もし、X4が⑤のヘルプをするのなら、③は④へパスをして、ジャンプシュートを狙う。もし、X4が④を激しくディフェンスするのなら、③は⑤もしくは④にロブパスをする。

3-3．トッププレーヤーへのロブパス

図 6-27

オーバーロードが形成されたとき、②はトップへ移動する。③は②にパスフェイクし、②は方向変換をしてから、④を利用してオフボールサイドのゴール下へカットする。もし②がオープンなら、③はロブパスをする。また、②がオープンになっていないのなら、④はアウトサイドへ出てパスを受ける。これら3種類のロブパスプレーはディフェンスのプレッシャーを和らげる傾向にある。

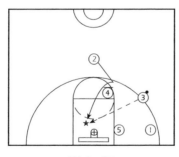

図 6-27

 ## 4．補助的なプレー

4-1．オフボールサイドでのロブプレー

このプレーは「スラッシュカット」と同じ方法で始められるため、混乱が生じる可能性がある。そこで、何かしらの合図を出す必要がある。

図 6-28

①は②にパスする。それから③は⑤を利用してボールサイドのゴール下へカットする。

図 6-29

もし③がオープンになっていないのなら、③はボールサイドのコーナーへクリアーし、④

はローポストへ移動する。そして、⑤は①へスクリーンをセットする。

図6-30

それから②は①にパスフェイクをし、①は方向変換をしてから、⑤を利用してオフボールサイドのゴール下へカットする。

もし、①がオープンになっていないのなら、逆サイドのウイングに移動する。そしてセットプレーのいずれかを始める。

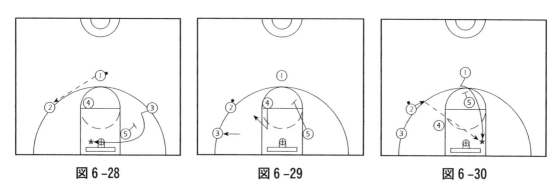

図6-28　　　　　　　図6-29　　　　　　　図6-30

4-2．スイッチをさせるロブプレー

このプレーは2人のポストプレーヤー④と⑤がディフェンスによって守られ、そして①と②のインサイドプレーが強いときに用いられる。

図6-31

このプレーは「ロブカット・モーション」として始められるが、①が③にパスするときに、オフボールサイドのウイングプレーヤー②はハイポストに④を利用してカットする。このプレーの始まりは「ロブカット・モーション」と同じであるため、何かしらの合図が必要になる。

図6-32

②がカットすることにより、オフボールサイドのヘルプはいない状態になる。そして①は④を利用してゴールへカットする。

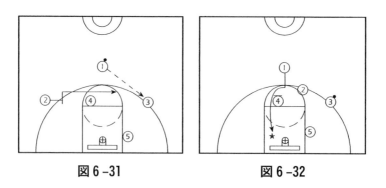

図6-31　　　　　　　図6-32

図6-33

もし①がオープンにならないのならば、④は③からのパスを受けるためにトップへ移動す

る。同時に、⑤は反対サイドのウイングヘレーンを横切ってカットする。

図 6-34

そして、そのポジションから「ホイール・モーション」のいずれかを再び始める。アライメントの違いが生じており、④と⑤はアウトサイドプレーヤー、①と②はポストプレーヤーの役割を担う。

図 6-35

④が「スラッシュカット・モーション」を行っている状況を示している。アライメントが変更しているため、2人の大きなディフェンスがアウトサイドへ移動しており、小さなプレーヤーでも得点する機会が生じやすい。

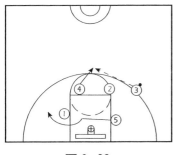
図 6-33

図 6-34

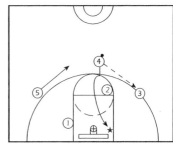
図 6-35

4-3．トッププレーヤーへのロブカット・モーション

このオフェンスは「ロブカット・モーション」の代わりとして用いられる。

図 6-36

①は③にパスをし、それからロブパスを受けるためにハイポストプレーヤー④を利用してカットする。ウイングプレーヤー②は①のカットと④を利用してボールサイドのハイポストにカットする。

図 6-37

③は最初に①へのパスを考え、パスができなければ②にパスをする。そして③は⑤のスクリーンを利用してゴールへカットし、①はウイングへカットする。

図 6-38

それから②は④のスクリーンを利用してカットする③にパス、もしくは①へパスをする。

  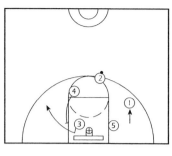

図6-36　　　　　　　　　図6-37　　　　　　　　　図6-38

図6-39
　もし②がどちらにもパスができないのなら、③の方向へドリブルし、⑤はハイポストでスクリーンをセットする。ここから、②は③にパスをする。このパスを成功させるためには、パスをしたいサイドへ必ずドリブルで向かうことが重要である。

図6-40
　もし②が①のサイドへドリブルをするなら、④はハイポストへ移動し、スクリーンをセットする。

図6-41
ここから「ロブカット・モーション」が行われる。

  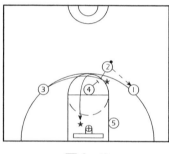

図6-39　　　　　　　　　図6-40　　　　　　　　　図6-41

5．ゾーンディフェンスに対する方法

　「ホイール・モーション」はいくつかの小さな適応で、ゾーンディフェンスに対しても用いることができる。

5-1．スラッシュカット・モーション

図6-42
　①は②にパスし、スラッシュカットをする。そして③はトップへ移動し、②からのパスを受ける。①はスラッシュカットからローポストの⑤を利用して、アウトサイドへ移動する。ゾーンディフェンスに対するとき、⑤は近くにいるディフェンスにスクリーンをセットす

る。ボールが②から③へパスされているので、③から①へシュートが可能なパスができる。
図6-43
3人のアウトサイドプレーヤーは常にハイポスト④へのパスを考える。④にボールが入ると、⑤へのパスが可能になるからである。

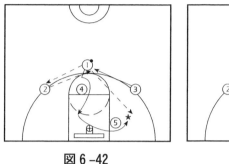

図6-42　　　図6-43

5-2．ロブカット・モーション
「ロブ・モーション」はゾーンに対して、追加するオプションがない。しかし、ゾーンディフェンスにも対応することができ、特にマッチアップゾーンに対しては明確である。

5-3．ドリブルエントリー・モーション
図6-44
このオフェンスはハイポストプレーヤーがいるサイド（図6-44では②の方向）で用いられるときに、特に効果的である。
図6-45
①は②の方向へドリブルし、②はボールサイドのコーナーへ移動して、オーバーロードを形成する。
図6-46
もしくは、②はオフボールサイドの⑤を利用してウイングへカットする。そして、①は③へパスをし、③は素早く②へパスをする。

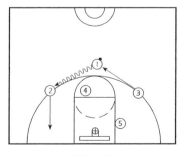
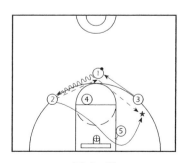

図6-44　　　図6-45　　　図6-46

5-4. セットプレーについて

3種類の「ベーシック・モーション」が行われている間、ボールサイドのコーナーへカットすることでオーバーロードが形成される。

5-4-1. スイッチプレー

図6-47

オーバーロードが形成されると②はハイポスト④にパスし、スイッチプレーをコールする。①は⑤を利用してカットし、③はオフボールサイドのウイングへ移動する。①のカットにより、⑤はゾーンのインサイドでオープンになる可能性が高い。もし、⑤がオープンにならないのなら、④は③へのパスを考える。

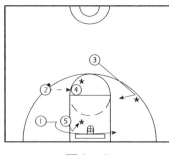

図6-47

5-4-2. コーナープレー

図6-48

オーバーロードが形成され、②がコーナーにいる①へのパスを選択した場合である。②はカットスルーし、④は②にスクリーンをセットする。そして、③はトップでステイする。

図6-49

それから①は⑤のスクリーンを利用してドリブルをする。そして、シュートを打つか、インサイドの⑤へパス、もしくは③へパスをして、③は②へボールを展開する。

図6-48　　　　　　図6-49

以上のように適応することで、3種類の「ホイール・モーション」と2種類のセットプレーはゾーンに対しても行える。

6．まとめ

「1-3-1ホイール・モーション・ゲーム」は、3種類のパターンを用いながらディフェンスを動かすことにより、より良いシュートチャンスが得られるオフェンスである。オーバーロードはディフェンスをルーズな状態にさせがちであり、セットプレーはヘルプディフェンスを困難にする。そして、簡単な調整を加えることで、ゾーンディフェンスに対しても充分に対応することができる。

第7章

ロブ・モーション

【本章の構成】
1. プレーヤーのアライメントと必要要素
2. ベーシック・モーション
   - 2-1. #1ノーカット
   - 2-2. #2スラッシュカット
   - 2-3. オルタネート・モーション（アウェイスクリーン）
   - 2-4. ポストリバーサル・オプション（ウイングからハイポストへのパス）
3. プレッシャーディフェンスへの対策
   - 3-1. エントリーパスがディナイされた場合
   - 3-2. トップから逆サイドのウイングへのパスがディナイされた場合
   - 3-3. ウイングへのパスがディナイされた場合（バックドアプレー）
4. 補助的なプレー
   - 4-1. ポストループプレー
   - 4-2. Xモーション
   - 4-3. スイッチプレー
5. ゾーンディフェンスに対する方法
   - 5-1. ベーシック・モーション
6. まとめ

【訳者からのコメント】
　このオフェンスは、ロブパスを受けるためのプレーが多く含まれ、「ベーシック・モーション」の中では、4種類のプレーが展開されます。それらは、パスやカットの方向によって展開が異なるため、声の合図をしたりすることで、5人のプレーヤーが共通理解することが大切です。ディフェンスのプレッシャーが強く、エントリーパスが難しい場合（トップからウイングへのパスが難しい場合等）は、3種類の方法で対応します。「ロブ・モーション」はアウトサイドとインサイドのプレーヤーが入れ替わることはありませんが、インサイドのプレーヤーが守られていたり、全員を連続的に動かそうとしたりする場合は、「補助的なプレー」の「Xモーション」が用いられるでしょう。また、「ベーシック・モーション」に簡単な修正を加えることでゾーンオフェンスとしても利用することが出来ます。

このオフェンスは④と⑤がインサイドにとどまり、①②③がアウトサイドを移動しながら、連続して行われるシステムである。それはディフェンスすることが最も困難な3種類のプレーを基本としている。それらは「オフボールサイドでのスクリーンからのカット」と「UCLA スラッシュカット」、「バックスクリーン」であり、その結果ロブパスの成功する可能性が高くなる。

1．プレーヤーのアライメントと必要要素

図7-1

④と⑤は背が高く、ロブパスを受けるために高く跳ぶことが求められる。①②③は高い機動力を持つべきであるが、背が高い必要はない。ボールサイドのポストプレーヤー④は常にハイポストへ、オフボールサイドのポストプレーヤー⑤はローポストへセットアップする。

図7-1

2．ベーシック・モーション

2-1．#1ノーカット

図7-2

①は②にパスをした後、その場にステイする。③は⑤のスクリーンを利用して、ボールサイドのローポストにカットし、③のカットに続いて、⑤は④にスクリーンをセットする。そして、④は②からのロブパスを受けるため、オフボールサイドのゴール下へカットする。

図7-3

③と④のどちらもオープンにならないのなら、②は①にパスし、⑤とダブルスクリーンをセットする。その後、③はダブルスクリーンを利用してウイングへカットする。

図7-4

②はダブルスクリーンのあと、レーンを横切り、④のスクリーンを利用してウイングへ移動し、①からのパスを受ける。この後、④はハイポストへ移動する。

図7-2

図7-3

図7-4

図7-5、7-6

それから、③が⑤を利用してカットし、⑤が④にスクリーンをセットすることで続けられる。

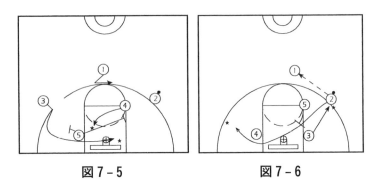
図7-5　　　　　　　図7-6

2-2．＃2スラッシュカット

図7-7

①は②にパスをして、ハイポストプレーヤー④を利用してスラッシュカットを行い、ボールサイドのローポストに移動する。そして③はトップへ移動する。

図7-8

⑤は④へスクリーンをセットし、④はオフボールサイドのゴール下へカットする。

図7-9

②は③へパスをし、①は②と⑤のダブルスクリーンを利用してウイングへカットする。そして、②は④を利用して、逆サイドのウイングへカットする。

図7-7

図7-8

図7-9

2-3．オルタネート・モーション（アウェイスクリーン）

このオフェンスは、①が②にパスをし、逆サイドの③にアウェイスクリーンをセットする。ここから以下の2種類のオプションが展開される。

図7-10

③が①のスクリーンに気付かずに、⑤を利用してカットした場合である。このとき①は元の場所へ戻ってくる。

図7-11

③が①のスクリーンを利用してトップへカットした場合である。①はスクリーンの後、ボールサイドのローポストにカットする。

図7-10

図7-11

どちらのオプションをプレーした後でも、「ベーシック・モーション」が続けられる。

2-4．ポストリバーサル・オプション（ウイングからハイポストへのパス）

図7-12、7-13

このオプションが始められたなら、②はハイポスト⑤にパスをする。

図7-14

このパスが成功したとき、②は①にスクリーンをセットする。①はボールサイドのウイングにカットし、同時に④はポストアップをする。そして②は逆サイドのウイングにカットする。

図7-12

図7-13

図7-14

図7-15、7-16
　⑤から②へパスがされた場合、④はハイポストへ、⑤がローポストへ移動する。ここから「ベーシック・モーション」が繰り返される。

図7-15

図7-16

 3．プレッシャーディフェンスへの対策

3-1．エントリーパスがディナイされた場合
図7-17
　ウイングへのエントリーパスがディナイされたとき、①はウイングプレーヤー②の方向にドリブルしていく。そして②は④を利用してトップへカットする。③は⑤を利用してボールサイドのローポストにカットする。

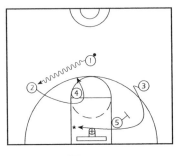
図7-17

図7-18、7-19、7-20

ここから「ベーシック・モーション」が行われる。

図7-18

図7-19

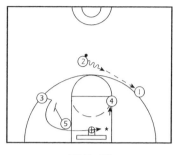
図7-20

3-2．トップから逆サイドのウイングへのパスがディナイされた場合

ボールがトップへ戻され、トップから逆サイドのウイングへのパスがディナイされていた場合、ドリブルエントリーが行われる。

図7-21

②からパスを受けた①は、逆サイドのウイングにカットする②の代わりに、①はすぐにドリブルエントリーを行う。

図7-22

このドリブルエントリーにより②は①のポジションに移動する。ここから、「ベーシック・モーション」が行われる。

図7-21

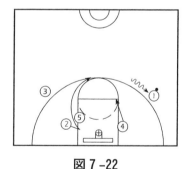
図7-22

3-3．ウイングへのパスがディナイされていた場合（バックドアプレー）

ディフェンスがウイングへのパスをディナイしているときに用いられる他の手段は、ハイポストにパスをすることである。

図7-23

①がどちらのウイングにもパスができないのなら、ハイポストへのパスを考える。バウンズパスはそれが遅いパスであったとしても、このプレー（バックドアプレー）のキーとして用いられる。

図7-24

ここではボールサイドの②がバックドアプレーをし、①は②がいた場所へ移動する。

図7-23 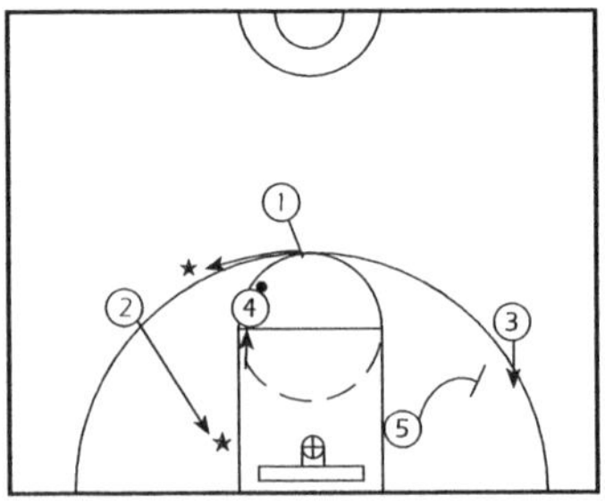　　　　　　　図7-24

図7-25

③は⑤のスクリーンを利用してトップにカットする。

図7-26

②は⑤のスクリーンを利用して、ウイングへカットする。

図7-25　　　　　　　図7-26

図7-27

「ベーシック・モーション」は④がローポストへ、⑤がハイポストへ移動することで始められる。つまり、①は④を利用してカットし、その後、④は⑤へスクリーンをセットするのである。

図7-28

②は③へパスをし、②と④で①へダブルスクリーンをセットする。

図7-27　　　　　　　　　図7-28

 4．補助的なプレー

4-1．ポストループプレー

図7-29

①が②にパスをして、③は⑤を利用してカットする。そして、⑤は④にスクリーンをセットする。

図7-30

④は②からのロブパスを受けるためにゴールへカットし、そのままボールサイドのコーナーへ移動する。

図7-31

②は④にパスができないのなら、①へパスをし、⑤を利用してゴールへカットする。それから①は②か④にパスをする。

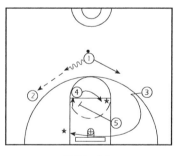

図7-29　　　　　　　　図7-30　　　　　　　　図7-31

4-2．Xモーション

もしあなたが5人のモーションをロブプレーを含めながら用いたいと思うなら、このオフェンスが薦められる。このオフェンシブプランは5人のプレーヤーが連続して動くものである。ディフェンスによってインサイドが抑えられていたり、ペースを変えたいときに用いられる。

図7-32

①は②にパスをし、④がレーンの反対サイドにカットする。④のカットを利用して最初に③がローポストへカットし、⑤はボールサイドのハイポストにカットする。

図7-33

③と⑤によるXカットに続いて、①は④にスクリーンをセットし、④はトップへカットする。そして、②は④へパスをする。

図7-34

それから②はレーンを横切り、①のスクリーンを利用して、逆サイドのウイングに移動する。③は⑤のスクリーンを利用して、同じサイドのウイングへカットする。

図7-32

図7-33

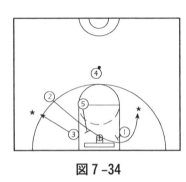
図7-34

図7-35、7-36、7-37

それから④はどちらかのウイング（図7-35では②）にパスをして、「Xモーション」は繰り返される。

図7-35

図7-36

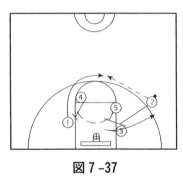
図7-37

4-3．スイッチプレー

図7-38

「Xモーション」が続いているときに、②は⑤へパスをする。このプレーは「スイッチプレー」と呼ばれる。

図7-39

このパスにより、③は②にスクリーンをかけ、スイッチをさせようと試みる。⑤は最初に②を見てロブパスが可能かどうかを判断する。

図7-40
　もしロブパスができないのなら、③はインサイドにロールしポストアップする。このときディフェンスがスイッチをして、Ｘ２がマッチアップしていれば、簡単なシュートにつながる。

図7-38　　　　　　　　図7-39　　　　　　　　
図7-40

図7-41、7-42、7-43
　もし③がオープンになっていないのなら、④を利用してカットしてくる②にパスをする。その後、「Ｘモーション」を行う。

　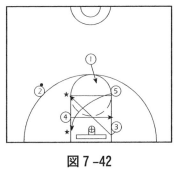　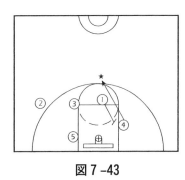
図7-41　　　　　　　　図7-42　　　　　　　　図7-43

　５．ゾーンディフェンスに対する方法

５-１．ベーシック・モーション
図7-44
　ゾーンディフェンスに対する「ベーシック・モーション」はローポストがいるサイドのウイング（**図7-44**では③）にパスすることによって始められるのがベストである。
図7-45
　③から①へパスが戻されるのと同時に、⑤は③へスクリーンをセットする。
図7-46
　③は⑤のスクリーンを利用して、ロブパスを受けるためにゴールにカットする。

図7-44

図7-45

図7-46

図7-47、7-48

もし③がオープンにならないのなら、そのままボールサイドのローポストへ移動する。同時に⑤はボールサイドのハイポストへカットし、④はオフボールサイドのローポストにカットする。もし②から⑤へパスされた場合、③か④へパスができるかもしれない。

②がボールを保持する時間が長いため、②は①にパスをして、すぐにリターンパスを受けたり、もしくはその場でドリブルを始めたりすることが必要である。

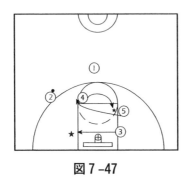
図7-47

図7-48

図7-49

もし②が⑤にパスできないのなら、①にパスをする。そして、②はゾーンディフェンスのインサイドにスクリーンをセットし、③はウイングへカットし、①からのパスを受ける。

図7-50

①が③にパスをできないのなら、⑤へパスをする。そして、⑤は②と④へのパスを考える。

図7-51

①が③⑤へのパスをできないのなら、③にパスフェイクをして③と反対のウイングに向かってドリブルをする。この動きに合わせて、②は④のスクリーンを利用して逆サイドのウイングにカットし、その後、④はハイポストへカットする。同時に⑤はローポストへ移動する。

  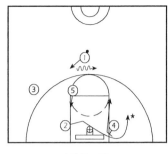

図 7 -49　　　　　　　　　図 7 -50　　　　　　　　　図 7 -51

図 7 -52
①から②へパスをすることにより、「ベーシック・モーション」が再び始められる。

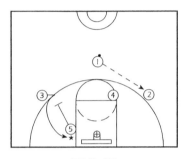

図 7 -52

6．まとめ

　このオフェンスは多くの基本的、そして機能的なプレーが含まれている。大きいプレーヤー④と⑤はゴール付近にとどまり、そして、機動的なプレーヤー①②③はアウトサイドで連続的に動く。もし、2人の大きいプレーヤーがディフェンダーによってインサイドを守られているならば、5人のXモーションが用いられるかもしれない。そして、このオフェンスはいくつかの簡単な調整を行うことで、ゾーンディフェンスに対応することができるのである。

第8章

デポールカット・モーション・オフェンス

【本章の構成】
1. プレーヤーのアライメントと必要要素
2. ベーシック・モーション
3. プレッシャーディフェンスへの対策
   3-1. エントリーパスがディナイされた場合（ウィークサイドへのドリブルエントリー）
   3-2. エントリーパスがディナイされた場合（ストロングサイドへのドリブルエントリー）
   3-3. ボールを展開するパスがディナイされた場合
   3-4. トップからウイングへのパスがディナイされた場合
4. 補助的なプレー
   4-1. マルチオプション・スプリットプレー
   4-2. ドリブルエントリー・ロブプレー
   4-3. シカゴ・オプション
5. ゾーンディフェンスに対する方法
   5-1. シカゴ・オプション
6. まとめ

【訳者からのコメント】
　このオフェンスは、かつてデポール大学でコーチをしていたレイ・メイヤーコーチが採用していたオフェンスです。「ベーシック・モーション」は、エントリーパスが行われたあと、パスする方向やカットする方向により、オフェンスの展開が変化しているのが特徴です。したがって、声で合図をすることにより、スムースに展開ができるでしょう。プレッシャーディフェンスへの対策は3種類ありますが、非常にシンプルです。「補助的なプレー」の「マルチオプション・スプリットプレー」と「ドリブルエントリー・ロブプレー」はディナイ対策としても有効なものです。もう1つの「シカゴ・オプション」はシカゴ・ブルズ（NBA）が採用していたオフェンスで、スイッチをした場合の対応がキーになります。また、このオフェンスは、トライアングルプレーを用いることで、ゾーンオフェンスとしても機能します。

「デポールカット・モーション・オフェンス」は、大変機能的で、かつディフェンスを大きく移動させるシステムである。このオフェンスは殿堂入りしているレイ・メイヤーコーチがデポール大学でコーチをしていたときに、大変成功したパターンである。そして、マンツーマンディフェンスとゾーンディフェンスに対して有効である。

1．プレーヤーのアライメントと必要要素

図8-1

このオフェンスは2人のシューティングガード①②と適度なサイズとシューティング能力のある2人のフォワード③④、そして1対1では得点をあげ、そしてリバウンドも獲得できるといった、ローポストで支配的にプレーできるポストプレーヤー⑤のために形成されている。ガードの2人はお互いに十分離れたポジションをとるべきである。ボールサイドのフォワード③はフリースローラインの延長線上に位置し、フォワード④はオフボールサイドのローポストに位置する。

図8-1

2．ベーシック・モーション

①がドリブルをしてきて、パスができる状態にあるとき、③は決められたエリアでオープンになっていなければならない。③がオープンになる方法は、以下の4種類である。

図8-2

ボールが運ばれてきたとき、③は⑤とスタックを形成し、適切なタイミングで飛び出す。

図8-3

③のディフェンスであるX3が激しく守っているのなら、Vカットをして相手を抑えてからウイングに出る。

図8-4

レーンの上に移動して、Lカットを用いてウイングにカットする。

図8-5

ディフェンスのプレッシャーが非常に強い場合は、④とクロスする。

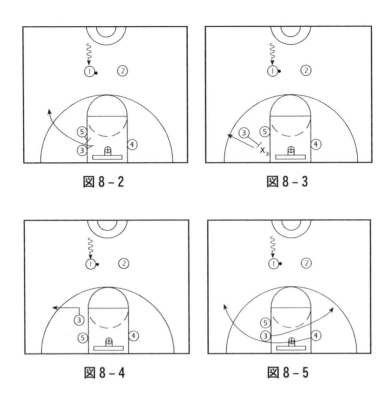

図 8-6

③にパスをしたのなら、①は④のスクリーンを利用してオフボールサイドのゴール下へカットする。

図 8-6

それから③は①にロブパスをするか、以下の3種類のいずれかを選択する。

図 8-7

③は⑤にパスをして④とスプリットプレーを行う。

図 8-8

③は②にパスをし、②から①にパスされたとき、③はローポストにいる⑤を利用してカットする。

図 8-9

③は②にパスをして、②から①にパスされたとき、ハイポストにいる④を利用してカット

する。

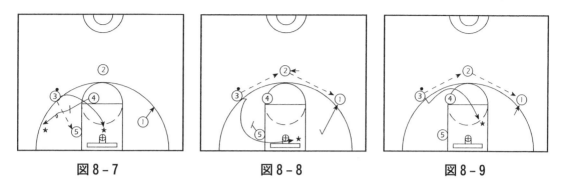

図8-7　　　　　　図8-8　　　　　　図8-9

　その後、①はボールサイドのローポストにカットしてくる③にパスをするか、以下の3種類のオプションのいずれかを選択する。

図8-10
　⑤のスクリーンを利用してローポストにカットする④にロブパスをする

図8-11
　④へのスクリーンのあとにボールサイドに移動してくる⑤にパスをする

図8-12、8-13
　オフェンスをリセットする。つまり、①がトップにドリブルをして、⑤のスクリーンを利用してウイングにカットしてくる③にパスをする。

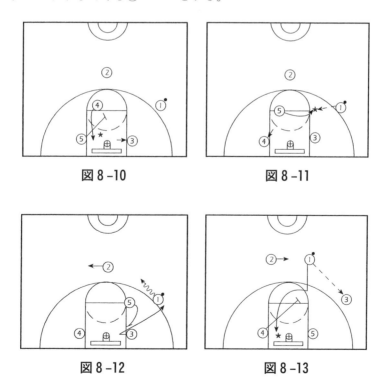

図8-10　　　　　　図8-11

図8-12　　　　　　図8-13

図8-14、8-15

オフェンスをリセットするとき、①はドリブルではなく②へパスするかもしれない。その場合、①は④と⑤の間をカットし、オフボールサイドのガードポジションへ移動する。それから②はストロングサイドにドリブルし③にパスをして「ベーシック・モーション」を始める。

図8-14　　　　　図8-15

 ## 3．プレッシャーディフェンスへの対策

3-1．エントリーパスがディナイされた場合（ウィークサイドへのドリブルエントリー）

図8-16

①が③にパスできない場合、②はハイポスト④の周りをカットする。そして、①はウィークサイドのウイングへドリブルで移動する。

図8-17

それから③は⑤を利用してボールサイドにカットする。

図8-18

⑤は④へスクリーンをセットする。もしシュートが打てないのなら、①は②にパス（もしくはトップへドリブル）をしてオフェンスはリセットされる。

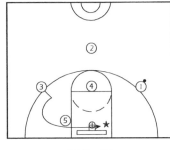

図8-16　　　　　図8-17　　　　　図8-18

図8-19、8-20、8-21

ウィークサイドのガードがフロントコートにボールを運んできて、パスができなかった場

合である。②はウイングへドリブルエントリーを行う。

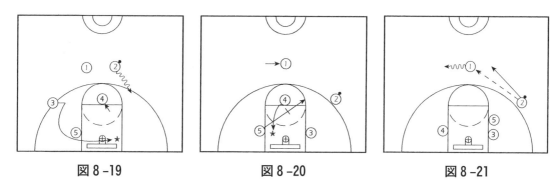

図8-19　　　　　図8-20　　　　　図8-21

3-2．エントリーパスがディナイされた場合（ストロングサイドへのドリブルエントリー）

図8-22

①はストロングサイドの③の方向へドリブルし、③はローポスト⑤の周りをまわってボールサイドのガードポジションへ移動する。そして、②は④のスクリーンを利用して、ゴールへカットする。

図8-23

もし、②がオープンにならないのなら、①は③へパスをし、オフボールサイドのウイングに移動してくる②へパスをする。

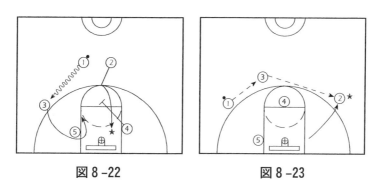

図8-22　　　　　図8-23

図8-24

①は⑤を利用してボールサイドのゴール下へカットする。

図8-25

それから⑤は④にスクリーンをセットする。もし④へパスができないのなら、②は③にパスをして、「ベーシック・モーション」はリセットされる。

図 8-24 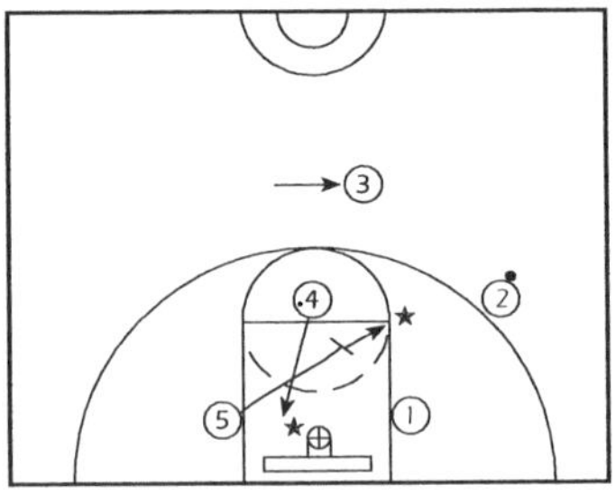　　　　　　　図 8-25

3-3．ボールを展開するパスがディナイされた場合

ウイングからトップへパスをすることが困難であるとき、以下の2種類の方法がある。

図 8-26

この図はディナイされなかった場合の、展開方法である。

図 8-27

③から②へのパスがディナイされている場合、③は④へパスをし、そこから①へ展開する。

図 8-28

図 8-27と同じ状況であるが、①のディフェンダーＸ１が大きくヘルプしている場合、③から①へスキップパスをする。

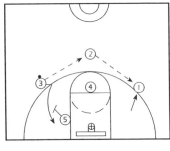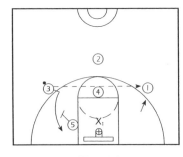

図 8-26　　　　　　図 8-27　　　　　　図 8-28

3-4．トップからウイングへのパスがディナイされた場合

図 8-29

②が①にパスできない場合、②は①の方向にドリブルし、①は④の周りをカットし、トップへ移動する。

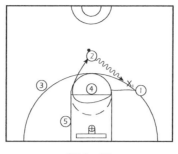

図8-29

図8-30、8-31、8-32

ここから、③が⑤を利用して、ボールサイドのゴール下にカットする。そして、「ベーシック・モーション」が同じように行われる。

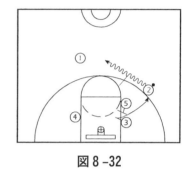

図8-30　　　　　図8-31　　　　　図8-32

4．補助的なプレー

4-1．マルチオプション・スプリットプレー

図8-33

③がディナイされている場合の対応方法である。①はハイポストへ移動してくる⑤にバウンズパスをする。③がバックドアプレーをし、①と②が④を利用して、スプリットプレーを行う。それから⑤はシュートかバックドアカットをする③へのパスか、④を利用してカットする①、もしくは②へパスをする。

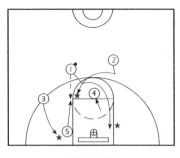

図8-33

4-2. ドリブルエントリー・ロブプレー

図8-34

このプレーは①が③の方向へドリブルし、③が④を利用してロブパスを受けるために、オフボールサイドのゴール下へカットする。

図8-35

①は②へパスをし、⑤を利用してカットする。そして、ボールは②から③へパスされる。

図8-36

③から①か④へパスができなければ、ドリブル（もしくはパス）をすることでリセットされる。

  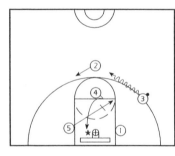

図8-34　　　　　　　　図8-35　　　　　　　　図8-36

4-3. シカゴ・オプション

「ベーシック・モーション」には、シカゴ・ブルズ（ＮＢＡ）が以前用いていたオプションが適応できるかもしれない。

図8-37

①は③にパスをした後、④へスクリーンをセットする。④はそのスクリーンを利用してハイポストへカットし、③からのパスを受ける。そして、④はシュートもしくは⑤へのパスを考える。

図8-38

⑤は③へスクリーンをセットし、⑤はゴール下へカットする。その際、⑤のディフェンス

が③を守ろうとして、スイッチをする可能性がある。

図8-37

図8-38

図8-39

スイッチをした場合、⑤はオープンになっているため、④からのパスを受けることができる。

図8-40

④から⑤と③へパスが出来なかった場合、つまり、ディフェンスが上で守っている時、④から①へパスをし、パス角度を変えて③へのパスを狙う。

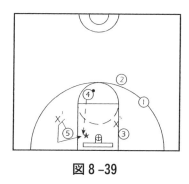
図8-39

図8-40

5．ゾーンディフェンスに対する方法

5-1．シカゴ・オプション

「ベーシック・モーション」をゾーンディフェンスに対して用いるとき、「シカゴ・オプション」が最もよく機能する。

図8-41

①は③にパスをしてから、④の場所へカットし、④はハイポストへカットする。①のカットはゾーンディフェンスの配置を変化させる。つまり、オフェンスの一線を偶数から奇数へ変化させるものである。

図8-42

④のハイポストへのカットはトライアングルプレーの頂点になることであり、ゾーンディフェンスのインサイドでは⑤と①によって底辺が築かれる。

図8-43
もし④がオープンにならないのなら、ボールは②へパスされ、①へと渡る。

図8-41

図8-42

図8-43

図8-44
　それから③は④を利用してボールサイドのハイポストへカットする。もし①が③にパスできるなら、③はシュートを打つか、⑤へのパス、もしくはオフボールサイドのウイングへ移動する④へパスをする。

図8-45
　もし①が③にパスできないのなら、③はボールサイドのローポストへカットする。そして⑤はボールサイドのハイポストへカットする。

図8-46
　同じように、もし⑤へのパスが成功したなら、⑤はシュートか、インサイドの③へのパス、もしくはオフボールサイドのウイングにいる④へパスをする。
　もし①が⑤へパスできないのなら、①はトップへドリブルし、ツーガードへ戻る。ここから「シカゴ・オプション」が繰り返される。

図8-44

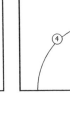
図8-45

図8-46

 ## 6．まとめ

　「デポールカット・モーション」は、大きいポストプレーヤーを機能させる方法である。また、「シカゴ・オプション」はゾーンディフェンスにも容易に適応することができる。

第 9 章

フレックス・コントロール・モーション

【本章の構成】
1. プレーヤーのアライメントと必要要素
2. ベーシック・モーション
   2-1. UCLA スラッシュ・ディレー・モーション
   2-2. フレックス・モーション
3. プレッシャーディフェンスへの対策
   3-1. #1 ドリブルエントリー
   3-2. #2 UCLA ダウンスクリーン
4. 補助的なプレー
   4-1. ハイポスト・フレックス・プレー
   4-2. バックドア・クロス
5. ゾーンディフェンスに対する方法
   5-1. ベーシック・モーションをゾーンディフェンスに対応させる方法
   5-2. ドリブルエントリー
6. まとめ

【訳者からのコメント】
　この章の始めに、コントロールオフェンスを採用した場合の有利性について説明されています。本書のシステムはコントロールオフェンスであるため、全てのシステムに関しても通じることです。
　このオフェンスは、スラッシュカットの繰り返し（UCLA スラッシュ・ディレー・モーション）から、「フレックス・モーション」へ移行します。スラッシュカットの繰り返しはディフェンスに予測されやすいものです。しかし、予測させてから意表を突き、「フレックス・モーション」へ展開するとも考えられます。「補助的なプレー」には、「ハイポスト・フレックス・プレー」があります。これは高いポジショニングでフレックスオフェンスを行うことで、空いているゴール下近辺を有効に攻撃することが出来ます。「バックドア・クロス」はディナイ対策としても用いることができます。また、「ベーシック・モーション」はゾーンディフェンスに対しても、トライアングルを形成することで適応することができます。

チームがコントロールオフェンスを用いることを選択した場合、速攻を中心としたオフェンス以上の有利さを持つことになるだろう。その理由のいくつかは、以下の様な事である。

・相手のディフェンスをする時間が長くなるため、ゲームの終盤で彼らを疲れさせることになる。
・ディフェンスをしているとき、より多くのファウルを累積させる傾向がある。
・ゲームの終盤に、接戦であった場合、両チームはオフェンスをコントロールするスタイルになる。このとき、コントロールチームはそのプレーのスタイルをより多く経験しているため、相手チームよりも有利性を獲得している。
・速攻中心のチームは普通、大きなリバウンダーのアウトレットパスによって始められる。そのプレーヤーは、コントロールチームのキーとなるガードプレーヤーより、多くのミスをするだろう。
・ゲームを支配するような大きなプレーヤーがコントロールオフェンスに対する場合、素晴らしいディフェンダーになるというわけではない。
・バスケットボールのゲームの本質とルールはボールを持っているチーム（ショットクロックの制限内において）に有利に働くのである。

　「フレックス・コントロール・モーション」はショットクロックが無い場合（※アメリカにおける高校のルールではショットクロックに関するルールがない）では、いつまでも続けられるし、ショットクロックが伴う場合においても有効である。
　「フレックス・コントロール・モーション」はこれらの考えのもと、「UCLA スラッシュ・ディレー・モーション」と「フレックス・モーション」を組み込んでいる。

 ## １．プレーヤーのアライメントと必要要素

図 9 - 1
　ガード①と②はボールをフロントコートに運んできて、②はゴールにカットした後、ストロングサイドのウイングにカットする。フォワード③と④は反対のサイドでガードとローポストに位置する。ポストプレーヤー⑤はボールサイドのハイポストにセットアップする。そして、①と②はチームで最高のボールハンドラーであることが望ましい。

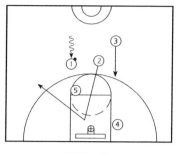

図9-1

2．ベーシック・モーション

2-1．UCLAスラッシュ・ディレー・モーション

図9-2

　①は②にパスをして、⑤を利用してボールサイドのゴール下へスラッシュカットする。このときに重要なことは、②は①へのパスが失敗しそうであれば、パスをしないことである。簡単なパスを選択するべきである。

図9-3

　もし②から①へパスができないのなら、①はボールサイドのコーナーに移動し、⑤はローポストへカットする。

図9-4

　もし、⑤がオープンにならないのなら、②はそのサイドのガードポジションへドリブルする。そして①がボールサイドのウイングへカットする。このとき、③は④へスクリーンをセットし、インサイドへロールする。

図9-2

図9-3

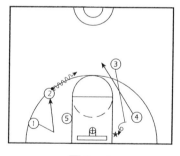

図9-4

図9-5、9-6

　それから②が①にパスをすることで同じプレーが繰り返される。注意すべき点は、⑤は②が①にパスをするまで、ハイポストに戻ってはならないということである。

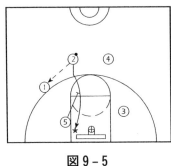
図9-5

図9-6

2-2．フレックス・モーション

スラッシュカットの繰り返しはディフェンスが対応しやすい。そのような時、「フレックス・モーション」を開始する。

図9-7

①がスラッシュカットからボールサイドのコーナーへクリアーした状態を示している。

図9-8

②が2ガードポジションへドリブルし、④へパスすることがキーとなる。

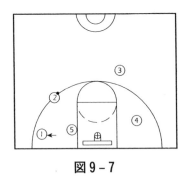
図9-7

図9-8

図9-9

このパスにより①は⑤のスクリーンを利用してカットする。

図9-10

もし①がオープンにならないのなら、②は⑤へスクリーンをセットする。

ここから④は2つのオプションのどちらかを選択する。それは、⑤にパスをして「フレックス・モーション」を継続するか、もしくは③にパスをして「UCLAスラッシュカット・ディレー・モーション」を行うかである。

第9章　フレックス・コントロール・モーション

図9-9　　　　　　　　　　図9-10

図9-11、9-12

④が⑤にパスをして、「フレックス・モーション」を行った場合を示している。

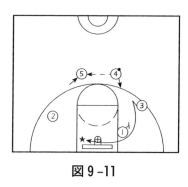

図9-11　　　　　　　　　　図9-12

図9-13

④が③にパスをして、スラッシュカットをした場合を示している。

図9-14

③はそのサイドの2ガードポジションへドリブルする。同時に、オフボールサイドでは、⑤が②へスクリーンをセットする。このオフェンスは、ディフェンスをじらす効果がある。

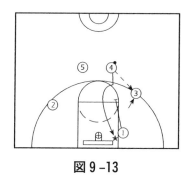

図9-13　　　　　　　　　　図9-14

3．プレッシャーディフェンスへの対策

ほとんどのディフェンスはストーリングのオフェンシブプランに対して、粘り強く守ろう

とする。しかしながら、特にディフェンスが強いチームと対戦するとき、プレッシャーディフェンスへの対策が必要になる。

3-1．#1ドリブルエントリー

②のディフェンダーが①からのパスをディナイしているとき、ドリブルエントリーが用いられる。

図9-15

①は②の方向にドリブルし、②はハイポストプレーヤー⑤の周りをカットする。そして③はポストプレーヤー⑤を利用してカットする。

図9-16

それから、②はトップへカットする。

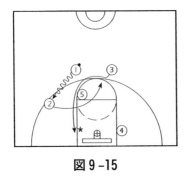
図9-15

図9-16

図9-17

もし③がオープンになっていないのなら、①は②へパスをする。そして③は④を利用して、オフボールサイドのガードポジションへカットする。

図9-18

ここから、「UCLAスラッシュ・ディレー・モーション」が行われる。

図9-19

もしくは、「フレックス・モーション」が行われる。

図9-17

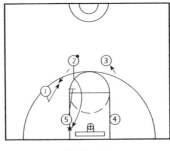
図9-18

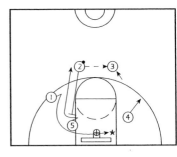
図9-19

3-2．#2 UCLA ダウンスクリーン

図9-20

①がスラッシュカットをして、ボールサイドのコーナーへクリアーしたことを示している。しかしながら、X2は②をオーバーディフェンスしており、ガード方向へドリブルできない状況を示している。この状態が起こったとき、ポストプレーヤー⑤はトップへカットし、②からのパスを受ける。

図9-21

それから②は①へスクリーンをセットし、①はウイングにカットして、⑤からのパスを受ける。

図9-20　　　　図9-21

図9-22

①がガードポジションへドリブルしたとき、⑤はローポストへ、②はウイングへ移動する。そして、④は③のスクリーンを利用してカットする。

図9-23

それから①は④にパスをして、「フレックス・モーション」をコールする。

図9-24

もしくは、②にパスをして、「UCLA スラッシュ・ディレー・モーション」をコールする。

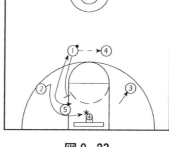

図9-22　　　　図9-23　　　　図9-24

4．補助的なプレー

4-1．ハイポスト・フレックス・プレー

このプレーは特定のゲームで必要とされたときや、より多くのオフェンスパターンが必要とされたときに加えられる。

図9-25

①はハイポストプレーヤー⑤にパスをして、②と④はバックドアプレーをする。

図9-26

もし②か④のどちらもオープンにならないのなら、彼らはそのままクロスし、①と③のスクリーンを利用してカットする。それから⑤は②か④のどちらかにパスをする。

図9-25 　　　　　図9-26

図9-27

⑤が②にパスをした場合を示している。③はコーナーへ移動し、①は④にスクリーンをセットする。

図9-28

④は①のスクリーンを利用してゴールにカットする。

図9-29

④のカットの後、⑤は①へスクリーンをセットする。

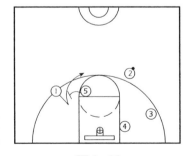

図9-27　　　　　図9-28　　　　　図9-29

図9-30

ここから、②は①にパスをして「フレックス・モーション」を継続する。

図 9 –31

もしくは、③にパスをして「UCLA スラッシュ・ディレー・モーション」を行う。

図 9 –30　　　　　　　　図 9 –31

4 - 2 ．バックドア・クロス

ディフェンスがボールサイドで全てのパスをディナイしているとき、「バックドア・クロス」が行われる。

図 9 –32

①はパスをするプレーヤーがいないため、③に向かってドリブルをする。③はバックドアカットのフェイクをしてからボールを受け、そして②の方へドリブルする。

図 9 –33

②はバックドアプレーをし、同時に、④は①へスクリーンをセットする。それから③は②へのパス、もしくはオフボールサイドの①にロブパスをする。

図 9 –32　　　　　　　　図 9 –33

図 9 –34

②と①のどちらもオープンにならないのなら、②は①にスクリーンをセットしてクロスする。④はオフボールサイドのガードポジションへ移動する。

図 9 –35

それから③は①にパスをして、「UCLA スラッシュ・ディレー・モーション」を行う。

図 9 –36

もしくは、④にパスをして、「フレックス・モーション」を始める。

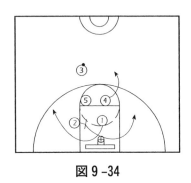

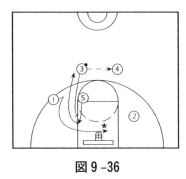

図9-34　　　　　　　　図9-35　　　　　　　　図9-36

5．ゾーンディフェンスに対する方法

5-1．ベーシック・モーションをゾーンディフェンスに対応させる方法

図9-37
　①は②にパスをしてから、⑤を利用してスラッシュカットし、コーナーへカットする。

図9-38
　それから⑤はミドルポストへ移動し、①と②でトライアングルを形成する。③はボールサイドへ移動せず、広いスペースを保ち、②からのパスを受けたらシュートを打つ。

図9-39
　この展開ができなかったのなら、②はガード方向へドリブルをし、③へパスをする。2人のオフボールサイドプレーヤー③と④はポジションを交換してはいけない。

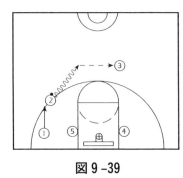

図9-37　　　　　　　　図9-38　　　　　　　　図9-39

図9-40
　②から③へパスが通ったら、⑤は①へスクリーンをセットし、①はハイポストへカットする。③が①にパスをしたのなら、①を頂点に④と⑤でトライアングルが形成される。そして、①はシュートもしくはゾーンディフェンスのインサイドにいる④もしくは⑤を見る。

図9-41
　もし③が①にパスできないのなら、④はウイングへ移動し、③からのパスをうける、そしてスラッシュカットが繰り返される。

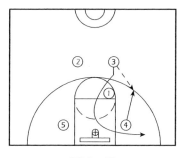

図9-40　　　　　　　図9-41

「ベーシック・モーション」の2つの基本的なプレーがゾーンディフェンスに対して用いられるとき、以下のメリットがある。

・ツーガードの人数を変化させることで、ディフェンスへ混乱を生じさせる。
・トライアングルプレーが利用できる。
・ゾーンディフェンスのミドルとコーナーが攻撃できる。これらはゾーンディフェンスで最も攻撃しやすいエリアである。
・ドリブルによってゾーンディフェンスの配置を変化させる。
・オーバーロードを変化させる。
・素早いパスで、ゾーンディフェンスを大きく移動させる。

5-2．ドリブルエントリー

さらなるゾーンオフェンスが必要になるのなら、「ドリブルエントリー」が用いられる。

図9-42

①が②の方向にドリブルし、②は⑤の横へ移動する。このドリブルはゾーンディフェンスの1線の人数を変化させるものである。

図9-43

それから③は⑤と②を利用してゴールへカットする。ゾーンに対するとき、③はこのカットでオープンになる可能性が高い。

図9-44

オープンにならないのなら、②はトップへ出て、①からのパスを受ける。③は④の周りをまわってウイングへカットし、パスを受ける。

図9-42

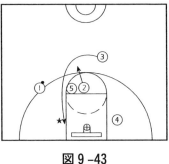
図9-43

図9-44

図9-45

　もし、③がシュートを打てないのなら、「フレックス・モーション」を展開する。つまり、①がハイポストにカットし、⑤と④でトライアングルを形成するのである。

図9-46

　もし、②が③にパスできないのなら、②は①にパスをし、⑤を利用してカットし、ボールサイドのコーナーへ移動することで、「UCLAスラッシュ・ディレー・モーション」が始められる。

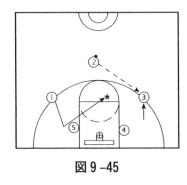
図9-45

図9-46

 ## 6．まとめ

　「フレックス・コントロール・モーション」はゲームのテンポをコントロールすることができ、「UCLAスラッシュ・ディレー・モーション」は「フレックス・モーション」を開始するため、という意味もある。プレッシャーディフェンスに対する対策として、2種類のエントリーの方法がある。補助的なプレーはオフェンスに深みを与え、もしくは特定の状況を活かすために用いられる。そして、いくつかの簡単な調整をすることで、ゾーンディフェンスに対しても用いられる。このオフェンスは大きなプレーヤーのいないチームや、コントロールオフェンスでプレーすることを望んでいるチームにとって理想的なプランである。

訳者あとがき

　本書は、MOTION GAME OFFENSES を訳出したものであり、9種類のオフェンスシステム（戦術）を紹介しています。ご存知の通り、バスケットボールは1891年に考案されてから、様々なオフェンスシステムが生み出されました。近年においては、プリンストンオフェンス、ドリブルドライブオフェンス、ホーンズセット等が挙げられるでしょう。さらに遡ると、フレックスオフェンス、UCLA オフェンス、シャッフルカットオフェンス等数多くのオフェンスシステムが頭に浮かびます。これらは、バスケットボールの指導に携わる多くのコーチが試行錯誤の上、生み出し、全世界へ広まったものだと思います。本書の著者である、Mike Harkins 氏と Jerry Krause 氏も同様に、数多くの失敗を繰り返しながらも、オフェンスシステムを考案したと想像するに難くありません。そのような本書を翻訳出版することができ、喜びと同時に恐縮する次第です。

　私たち訳者一同は、「スポーツサイエンスフォーラム」のコーチング研究会の仲間であり、バスケットボールに関する研究を重ね、2011年に『賢者は勝者に優る──ピート・キャリルのコーチング哲学──』を出版いたしました。その本は、プリンストン大学男子バスケットボール部でヘッドコーチをしていた、ピート・キャリル氏がコーチング・フィロソフィーをエッセー風に書き記したものです。コーチにとってフィロソフィーを形成することは重要です。そして自身のフィロソフィーを土台に、コーチングを進めることが必要になります。では、どのような技術や戦術をコーチングしていけば良いのだろうか。我々は、国内外の技術や戦術に関する調査、研究をするなかで、本書に出会うことができました。前書を「哲学・理論編」とするならば、本書には、9種類のオフェンスシステムが紹介されていることから、「実践編」という位置づけができるかもしれません。それらのオフェンスシステムには、世界的に最も有名と言っても過言ではない、フレックスオフェンスがベースになっていたり、UCLA オフェンスが組み込まれていたりします。したがって、多くのコーチがすでに理解しており、自チームへ導入し易いのではないでしょうか。また、近年はオフェンスシステムを紹介する書物が増え、コーチ達は容易に新たなオフェンスシステムを取り入れることができるようになってきています。しかし、実際にそのようなシステムを自チームに採用した場合、多くのコーチ達が戸惑うことは「想像と違う」ということではないでしょうか。当然のことながら、ディフェンスは容易にオフェンスをさせないために、プレッシャーを与えます。本書では、ベースとなるシステムの他に、そのような状況でも対応ができるように、「プレッシャーディフェンスへの対策」も紹介されています。また、そのベースとなるシステムから「ある場所（例えばローポスト）」へパスされた場合、どのようにオフェンスを展開すれば良いのか、ということも紹介されています。さらに、ゾーンオフェンスに関しても、マンツーマンオフェンスに若干の変更を加えることで、対応がで

きるようになっています。つまり、どのような状況に遭遇しても適応出来るようになっているのです。このようなオフェンスシステムに対して、プレーヤーの自由や判断を奪っている、ファンダメンタルを軽視しているとの批判があるかもしれません。しかし、決められたオフェンスシステムでもファンダメンタルが必要であることに代わりありません。プレーヤーがプレーの判断を重ねる事で、得点を重ねます。そして、制約（システム）があるからこそ、自由が生まれると我々は感じています。また、現在のような強固なディフェンスに対し、自由で、プレーヤー達の感性に委ねるようなオフェンスシステムで打ち破ることは容易ではありません。決められたシステムを、チーム内で意思統一を図りながら遂行することが求められているような気がします。しかしながら、注意しなければならない点があります。それは、著者が前書きにおいて述べているように、「チームに採用される戦術は、あなたのコーチング哲学やチームのプレーヤーを活かすことができるように、細心の注意を払いながら選択しなければならない」ということです。コーチの哲学、自チームのプレーヤーに適した戦術、そして変化させながら、発展させていくということが大切なのだと考えています。そうしなければ、「絵に描いた餅」ということになってしまうでしょう。

　我が国におけるバスケットボールの競技レベルは世界的に見て低迷しており、オリンピックにおいては、1976年のモントリオール大会以降、出場を果たしていません。しかしながら、2016年にプロバスケットボールリーグである、「B.LEAGUE」が発足したり、NCAAで活躍する選手が誕生したりするなど、明るい話題でメディアに取り上げられる機会が多くなっています。これらは2020年のオリンピック東京大会の出場に向けて、好材料と言えるでしょう。おこがましいことではありますが、そのような波に乗り、本書が我が国のバスケットボール界における普及・発展に少しでも貢献することが訳者一同の願いです。

　私たちは翻訳の専門家ではありません。読み苦しい点や、著者の意図を充分に理解できないまま意訳してしまった部分もあろうかと思います。また、各章の始めに「訳者からのコメント」として、その章の内容に関する短い解説を加えております。これは、バスケットボールのコーチを始めたばかりの方でも、その内容を簡単に理解してもらいたい、という意図からです。このようなことを踏まえた上で、本書を手に取り、ご一読いただき、皆様からの忌憚のないご意見やご批判をお願いしたいと考えております。

　最後に、このような機会を与えて下さりました、晃洋書房の植田実社長に心より御礼申し上げます。そして、様々なアドバイスを下さった晃洋書房の高砂年樹氏に心からの感謝の意を表します。

　　　2017年11月

　　　　　　　　　　　　　　　　　　　　　　　　　　　　　　訳　者　一　同

《訳者紹介》

二杉　茂（にすぎ　しげる）[第1章～第3章担当]
 1947年 大阪府生まれ
 1998年 韓国京畿大学大学院体育学研究科博士課程修了（理学博士）
 現　在 神戸学院大学共通教育センター教授
     天理大学男子バスケットボール部監督

山下　新樹（やました　あらき）[第4章～第6章担当]
 1979年 大阪府生まれ
 2004年 神戸学院大学大学院人間文化研究科修士課程人間行動論専攻修了（人間文化学修士）
 現　在 神戸学院大学非常勤講師
     神戸学院大学男子バスケットボール部コーチ

伊藤　淳（いとう　じゅん）[第7章～第9章担当]
 1973年 秋田県生まれ
 2000年 筑波大学大学院体育研究科修士課程コーチ学専攻修了（体育学修士）
 現　在 流通科学大学商学部准教授
     流通科学大学男子バスケットボール部コーチ

《著者紹介》

ハリー・L."マイク"・ハーキンス（Harry L."Mike"Harkins）
　イースタンモンタナ大学（現モンタナ州立大学ビリングス校）の男子バスケットボールチームの元コーチ。16シーズンに渡りその職を続け、295勝、10回の地区（NAIA）優勝、12回のカンファレンス優勝を収めた。1976年のブラジル世界大会を含む国際大会において、4チームの全米コーチを務めた。イースタンモンタナ大学において、健康、体育およびレクリエーションの教授としても務めた。その学問領域と創造性において優れた業績を残したことにより表彰され、さらに、アクロン大学の優れた卒業生としても表彰された。

ジェリー・クラウス（Jerry Krause）
　小学生、中学生、高校生、大学生、オリンピック育成レベルにおいて、34年以上にわたりバスケットボールの指導に携わった。全米バスケットボールコーチ協会（NABC）研究会長（30年間）及び理事、NAIAバスケットボールコーチ協会会長、NCAAバスケットボール規則委員会委員および委員長（15年の最長任期）を務めた。バスケットボールの基礎的な技術指導における豊富な知識と指導能力の高さにおいて、広く尊敬されている。また、バスケットボールの指導に関するベストセラーを数多く執筆し、バスケットボールの歴史において最も受け入れられている指導ビデオシリーズの制作にも協力している。現在、ニューヨーク州ウエストポイントにあるアメリカ陸軍士官学校にてスポーツ哲学の教授を務めている。

賢者の戦術
――すべてのバスケットボールコーチのために――

2018年1月30日　初版第1刷発行　　＊定価はカバーに表示してあります

訳者の了解により検印省略

著　者　　ハリー・L．ハーキンス
　　　　　ジェリー・クラウス

訳　者　　二　杉　　　茂
　　　　　山　下　新　樹
　　　　　伊　藤　　　淳

発行者　　植　田　　　実

発行所　株式会社　晃洋書房
〒615-0026　京都市右京区西院北矢掛町7番地
電話075（312）0788番（代）
振替口座01040-6-32280

装丁　尾崎閑也　　　印刷・製本　亜細亜印刷（株）
ISBN 978-4-7710-2966-8

JCOPY　〈（社）出版者著作権管理機構委託出版物〉
本書の無断複写は著作権法上での例外を除き禁じられています．複写される場合は，そのつど事前に，（社）出版者著作権管理機構（電話03-3513-6969，FAX 03-3513-6979，e-mail：info@jcopy.or.jp）の許諾を得てください．